THÉOTEX
Site internet : theotex.org
Courriel : theotex@gmail.com

© THÉOTEX
Édition : BoD — Books on Demand
12/14 rond-point des Champs-Élysées, 75008 Paris
Impression : BoD, Norderstedt, Allemagne
ISBN : 978-2-322-08223-0
Dépôt légal : novembre 2019

Sonnets Chrétiens

De

Laurent DRELINCOURT

1677

ThéoTeX
— 2013 —

LAURENT DRELINCOURT
(1625-1680)

NOTICE SUR LAURENT DRELINCOURT

Charles DRELINCOURT (1595-1669) a été une gloire du protestantisme français. Pasteur pendant près d'un demi-siècle de l'église réformée de Paris-Charenton, à la suite de Pierre DU MOULIN, il y acquit une réputation de bon prédicateur et d'auteur prolifique en ouvrages de piété traduits dans plusieurs langues. Sa fécondité s'exerça également dans le domaine naturel, puisque s'étant marié avec la fille unique de Monsieur Bolduc, riche négociant de Paris, il en eut seize enfants. Plusieurs d'entre eux firent de brillantes carrières de médecins ou de pasteurs, dont son fils aîné, Laurent, né en 1625, auteur des *Sonnets Chrétiens*.

Après des études de théologie à Saumur Laurent DRELINCOURT devient pasteur de La Rochelle en 1651. Il a hérité des talents oratoires de son père et de sa vigueur intellectuelle ; familier avec la noblesse protestante et les cercles culturels parisiens, il participe à une révision des traductions de la

Bible. En 1663 il s'installe à Niort ; sa santé fragile limite son ministère, et dans ses nuits d'insomnie il compose ses fameux poèmes de quatorze vers sur divers sujets. Edités pour la première fois en 1677, ils connaîtront un succès immédiat et renouvelé.

A cinquante ans, six ans avant sa mort, Laurent perd la vue. Il continue cependant à cadencer des alexandrins et des décasyllabes dans sa tête, qu'il dicte ensuite. Ainsi paraîtra l'ouvrage posthume : *Psaumes Pénitentiaux en Vers Héroïques*. Le pasteur-poète a également publié de remarquables sermons, notamment celui intitulé : *Les Étoiles de l'Église et les Chandeliers Mystiques*.

L'orthographe de cette édition numérique des *Sonnets Chrétiens* a été évidemment modernisée. Les notes, fort instructives dans leur ensemble, ont été conservées, hormises quelques unes qui ne faisaient plus de sens à la lumière de la science moderne. Elles témoignent de la vaste érudition des pasteurs d'antan, et de leur lecture assidue des pères de l'Église.

Lorient, le 24 mai 2013

Préface de l'auteur

Je mets en lumière des Sonnets Chrétiens, que j'ai composés dans les heures de quelques mauvaises nuits. Je ne cherchais en cela qu'à charmer mon inquiétude, et je trouvais quelque douceur à fixer ma triste imagination sur ces innocentes pensées.

Je prenais les sujets selon qu'ils s'offraient d'eux-mêmes, sans songer ni à la liaison, ni au choix. Mais comme ces petits ouvrages se sont insensiblement multipliés, j'ai été obligé de les mettre dans quelque ordre, et de les diviser même en quatre livres, pour en ôter la confusion.

Ce corps de sonnets ainsi disposés, n'est pas semblable au corps humain, dont toutes les parties dépendent tellement l'une de l'autre, qu'elles ne peuvent subsister détachées de leur tout. C'est ici comme un bouquet de diverses fleurs, dont l'arrangement n'empêche pas que chaque fleur, séparée des autres, ne puisse avoir son odeur et sa beauté particulière. Ainsi, quelque ordre que j'aie mis dans ce recueil, on peut considérer chaque sonnet comme une pièce détachée et indépendante, qui, sans rapport aux autres, a en elle-même tout ce qu'elle est capable d'avoir ou d'agrément, ou d'utilité.

Je n'ai pas dessein de rabaisser le prix des plus magnifiques ouvrages de poésie, pour faire valoir mes faibles productions. Je dirai seulement ici, qu'il en est à peu près de la poésie, comme de la musique. L'une et l'autre deviennent ennuyeuses, si elles durent trop longtemps. Et quand même on regarderait la lecture des vers comme une promenade libre et sans contrainte, qui ne sait que la plus délicieuse promenade, quand elle est trop longue, ne laisse pas de fatiguer ?

J'applique cela aux Poèmes Héroïques. C'est-là sans doute que la poésie fait éclater ce qu elle a de plus harmonieux, et qu'elle paraît avec tous ses charmes. Mais comme toutes les parties de ces grandes pièces sont tellement liées ensemble, que pour en bien juger, et en faire son profit, il faut écouter tout le concert depuis le commencement jusqu'à la fin, et faire toute la promenade d'un bout à l'autre sans prendre haleine, il est comme impossible que l'on ne soit fatigué par cette longue application.

On peut dire, au contraire, que les sonnets, par leur brièveté, sont commodes aux lecteurs, parce qu'ils ne leur donnent pas le temps de se lasser. Ce sont comme autant de petits airs séparés, dont la musique n'est pas ennuyeuse, parce qu'elle est courte ; et ce sont comme autant de petites promenades, au bout desquelles on peut prendre le frais, et se reposer.

Au reste, je sais qu'il y a des gens qui regardent les termes et les fictions des poètes grecs et latins de l'antiquité païenne, comme l'âme et la forme essentielle de la poésie. Ainsi ils ne font nulle estime des vers qui, bien que formés par des chrétiens, ne sont pas animés de cet air du paganisme; et qui, bien que français, ne sont pas vêtus à la Grecque ou à la Romaine. Chose étrange qu'il faille être païen pour être poète, et que sous le christianisme on encense encore aux idoles!

Mais, aille qui voudra dresser ses autels sur le Parnasse, et boire a la Fontaine Castaline : c'est un lieu où je n'eus jamais envie d'aller; jamais, grâce au vrai Dieu, je n'invoquai ni le faux dieu Apollon, ni les Muses profanes, que l'on dit qui lui tiennent compagnie. J'ai toujours porté mes vœux en la Montagne de Sion, et au Ruisseau de Siloé. Aussi qu'est-ce, je vous prie, du violon de cette idole de la Phocide, et de la lyre de ces neuf filles fabuleuses, au prix de la harpe de David, et de la musette du Sanctuaire? Et que sont tous les lauriers de l'Achaïe, en comparaison des palmes de la Terre-Sainte?

Quoi qu'il en soit, je ne prétends pas que l'on trouve dans mes vers la délicatesse, ni la pompe que l'on trouve aujourd'hui dans des ouvrages même de dévotion et de piété, où les grâces, pour être chrétiennes, n'en sont que plus belles et plus aimables, puisqu'elles en sont plus pures et plus chastes.

Il sera pourtant aisé de reconnaître, que mes sonnets sont plus ou moins poétiques, plus ou moins heureux, selon la diversité des sujets; ou, si vous voulez, selon la diverse disposition de mon esprit lorsque je m'y suis appliqué. Il faut même avouer qu'il y a ici quelques sonnets tendres et affectueux, qui n'y sont demeurés que parce qu'ils ont été l'occasion de tous les autres, et qu'ayant été faits sur des rencontres particulières où j'étais fort intéressé, je n'ai pu me défaire de ma tendresse pour eux, et j'ai accoutumé mes amis à les voir et à les souffrir. Les génies sont merveilleusement différents. Il y en a qui n'aiment dans les vers que les descriptions historiques, et les peintures naturelles. On en voit qui ne se plaisent qu'aux sujets de morale et de piété. Quelques-uns veulent des idées délicates, et qui flattent l'imagination. Mais d'autres souhaitent des pensées solides, et des expressions qui touchent le cœur. Enfin, les uns recherchent les fleurs et la magnificence du style, et les autres ne demandent que des fruits sans ornement et sans façon ; c'est-à-dire, qu'ils se déclarent pour le style simple et naturel, où sans art et sans figures les vers coulent doucement, comme si c'était de la prose.

Ainsi je ne doute pas, que comme il y a ici des sonnets de divers genres, la diversité du génie et de l'inclination ne fasse recevoir plus agréablement aux uns, ce qui plaira moins aux autres. Si le public reçoit quelque satisfaction de ce que je lui présente, il en aura plus d'obligation à mes amis qu'à moi-même. Ce sont eux, qui ayant vu quelques-uns de ces petits tableaux de la nature et de la Grâce, que j'avais tracés seulement pour ma consolation particulière, m'ont poussé, de temps en temps, à en entreprendre de nouveaux. Souvent même, par leurs instances, ils m'ont remis à la main le pinceau que j'en avais laisser tomber, sans intention de le reprendre.

C'est pour répondre à leur désir, et sur le jugement qu'ils ont fait de mon ouvrage, que j'en hasarde aujourd'hui la publication. Aussi je prétends qu'en quelque sorte ils en doivent être les garants ; et que ce n'est pas proprement à moi, mais à eux qu'il s'en faut prendre, si l'on n'en est pas satisfait.

Livre Premier
sur la Nature et sur son Auteur

Sur la Vanité du Monde et sur le Souverain Bien

VA courir, si tu veux, l'un et l'autre hémisphère,
Tu n'y trouveras rien qui ne soit vanité,
Rien qui ne soit sujet à l'instabilité,
Rien dont ton âme, enfin, se doive satisfaire.

Vois-tu pas du mondain la sensible misère ?
L'avare, avec son or, est en captivité ;
L'ambitieux gémit, sous sa prospérité ;
Et des plus doux plaisirs la fin devient amère.

Tu cherches donc, d'un œil vainement curieux,
Le suprême bonheur sous la voûte des cieux !
En vain ton cœur aveugle ici bas s'enracine.

Mortel, écoute-moi ; viens apprendre en ce lieu
Que pour remplir une âme immortelle et divine
Aucun bien ne suffit qui soit moindre que Dieu.

3 : Le grand Salomon assure qu'il en avait fait l'expérience. **6** : L'Avare ne possède pas ses biens, mais il en est possédé. **7** : « O Couronne, que tu es pesante ! » disait le Roi Séleucus. **8** : Comme l'eau des rivières, lorsqu'elle se rend dans la mer. **14** : C'est pourquoi Dieu promet de se donner lui-même aux saints dans la gloire ; et l'Ecriture dit qu'alors *il sera tout en tous.*

Sur la Divinité

ÉLÈVE-TOI, mon âme, et, d'un vol glorieux,
Va, dans le plus haut ciel, contempler l'invisible,
Le Monarque infini, plus grand que tous les cieux ;
La première Beauté, l'Être incompréhensible.

C'est lui qui toujours est, sans jamais être vieux ;
C'est lui par qui tout est, à qui tout est possible ;
Qui, sans changer de place, est présent en tous lieux ;
Et dont tout l'univers est l'image sensible.

Éternel, trois fois bon, trois fois grand, trois fois saint,
Que le ciel même adore, et que la terre craint,
Fais que je t'aime autant que je te vois aimable.

Que t'ayant ici-bas contemplé par la foi,
Quelque jour, au sortir de ce corps périssable,
J'entre dans ton palais, pour être tout en toi.

4 : Simonide ayant demandé terme sur terme, pour dire ce que c'était que Dieu, répondit enfin, que *plus il y pensait, plus il y trouvait de difficulté*. **5** : Dieu se qualifie, celui qui est, qui était, et qui sera, c'est-à-dire, l'Éternel. Or l'éternité n'a point de temps, et celui qui ne peut naître, n'a point d'âge. (Tertullien) **11** : La raison d'aimer Dieu, c'est Dieu même ; et la mesure de l'aimer, c'est de l'aimer sans mesure. (Bernard)

Sur le Fils Éternel de Dieu

Sur l'aile de ma foi, jusqu'aux cieux transporté,
Grand Dieu, je vois ton Fils dans sa grandeur immense,
Engendré dans ton sein, sans avoir pris naissance ;
Et vivant avec toi de toute éternité.

Je le vois ton égal, en force, en majesté ;
Joint à toi par nature, et le même en essence ;
Distingué, toutefois, quant à la subsistance ;
Mais sans éloignement, et sans diversité.

Etroite liaison ! ineffable mystère !
Le Père dans le Fils, et le Fils dans le Père,
Sont unis, sans mélange, inséparablement.

De leur sainte union la merveille est extrême :
Toute image à l'objet ressemble seulement ;
Mais l'image de Dieu, dans son Fils, c'est Dieu même.

8 : « Dieu de Dieu ; Lumière de Lumière ; vrai Dieu du vrai Dieu ; Fils unique de Dieu ; non fait, mais engendré, et par qui toutes choses ont été faites ; Consubstantiel, Coéternel, et Coégal au Père », disent dans le IVe siècle les Conciles de Nicée et de Constantinople.   9 : Les théologiens grecs ont nommé *Périchorèse* cette union ineffable, que Jésus-Christ avait exprimée en disant : « Je suis dans mon Père, et mon Père est dans moi ».

Sur le Saint Esprit

ESPRIT saint et divin, porte moi sur ton aile,
Au séjour bienheureux de ton éternité,
Pour y voir des rayons de ta divinité,
Sinon la vive flamme, au moins quelque étincelle.

Mais j'aperçois déjà ta splendeur immortelle :
Je t'adore, ô grand Dieu ! qui dans la Trinité,
Termines seul l'amour et la fécondité,
Qui du Père et du Fils sont la gloire éternelle.

Achève aussi pour moi, mon doux Consolateur,
L'œuvre dont, par son Fils, le Père fut l'auteur ;
Fais-moi sentir ta force et ta bonté suprême.

Le Père a bien donné son Fils pour me sauver ;
Le Fils, pour mon salut, s'est bien donné soi-même ;
Mais sans toi, ce salut ne se peut achever.

---

1 : Allusion à l'apparition du St. Esprit en forme de colombe, au baptême de Jésus-Christ.   **7** : St. Augustin le qualifie « l'Amour, la Concorde, le Lien, et la Production du Père et du Fils, pour achever avec eux l'adorable Trinité, comme leur coégal en majesté et en gloire »   **9** : Un ancien le nomme le Consommateur, et l'Ecriture le Paraclet ; c'est-à-dire, selon St. Augustin, le doux consolateur de nos larmes, et un vigilant avocat de nos misères.

Sur la Création du Monde
Puissance du Créateur

J'ADORE l'invisible et l'immortelle essence,
Qui, de ses propres mains, a bâti l'univers.
Je bénis l'Éternel, dont mille effets divers
Font éclater la gloire et la magnificence.

A tout ce qui respire il donna la naissance ;
Il suspendit la Terre, il étendit les airs ;
Il fit les jours, les nuits, les étés, les hivers ;
Et du lambris des Cieux forma le tour immense.

Mais, de quelle matière, et par quels instruments,
Composa-t-il alors ces riches bâtiments,
Qui nous font admirer sa puissance suprême ?

De rien tu fis ce Tout, par ta divine voix.
Tout-puissant Créateur, tu trouvas en toi-même,
La substance, la forme, et l'ordre que j'y vois.

4 : Saint Paul représente les ouvrages de Dieu, comme des tableaux visibles de sa divinité ; et le roi-prophète attribue également une langue et une voix aux cieux, au jour et à la nuit, pour publier la gloire du Créateur. Plutarque même, quoique païen, dit que la perfection et le bel ordre de l'univers condamnent ouvertement l'impiété des athées. **11** : « Dieu a parlé, chante le psalmiste, et la chose a eu son existence ».

Sur la Création du Monde
Bonté du Créateur

SEIGNEUR, n'avais-tu pas, de toute éternité,
Sur ton auguste front un pompeux diadème ?
Et ne vivais tu pas, dans ta grandeur suprême,
Revêtu de lumière et d'immortalité ?

Quel bien te manquait-il, dans ta divinité ?
Ton pouvoir, ton bonheur, n'était-il pas extrême ?
Et ne trouvais-tu pas, sans sortir de toi-même,
Tes délices, ta gloire, et ta félicité ?

Mais qui te porta donc, ô Puissance très sage,
A tirer du néant ce merveilleux ouvrage,
Cette basse machine, et ce haut firmament ?

C'est ta seule bonté qui fit la créature :
Tu voulus, Dieu très bon, marquer en la formant,
Sur l'œuvre de tes mains les traits de ta nature.

5 : C'est pourquoi Dieu se donne en sa Parole le nom admirable de Schaddaï, qui ne signifie pas seulement tout-puissant et invincible, mais celui qui se suffit à soi-même, et dont l'abondance se répand sur toutes les créatures.   **9** : Avant le monde, Dieu était lui-même son occupation et sa gloire. (Minutius Félix) Avant toutes choses, Dieu était à soi-même, et monde, et lieu, et toutes choses. (Tertullien).

Sur la Découverte du Nouveau Monde

Que ta faible raison cède à l'expérience ;
École détrompée, ouvre aujourd'hui les yeux ;
Vois le double hémisphère, environné des cieux ;
Et d'un si vaste tour admire l'excellence.

Tu me blesses le cœur, nouvelle connaissance.
Dans un monde nouveau, je trouve un monde vieux ;
Vieille race d'Adam, esclave des faux dieux ;
Rebelle au Créateur, objet de sa vengeance.

Toi, qui fis le soleil en formant l'univers,
Répands, par ton Esprit sur ces peuples divers,
Du mystique Soleil la clarté salutaire.

Que la croix de leur ciel leur serve d'un flambeau,
Qui les mène à Jésus mourant sur le calvaire,
Et les rechange encore en un monde nouveau.

2 : Un docte prélat du huitième siècle, nommé Virgile, fut accusé d'hérésie, et jugé digne d'excommunication, par le Pape Zacharie, pour avoir cru à l'existence des Antipodes. **7** : L'Amérique ne fut découverte qu'en 1492, par Christophe Colomb, Génois, et en 1497 par Améric Vespuce, Florentin, qui lui donna le nom d'Amérique. **12** : C'est la Crossée ou la Croisade, belle constellation du ciel de l'Amérique, composée de quatre étoiles en forme de croix.

Sur les Anges

CONSIDÉREZ, mortels, ces esprits glorieux,
Qui contemplent toujours les beautés adorables ;
Qui prompts, ardents, légers, volent en mille lieux ;
Et qui sont du grand Roi les hérauts redoutables.

Voyez leurs ailes d'or, leurs habits précieux ;
Leurs glaives flamboyants, leurs exploits admirables ;
Leurs emplois ici-bas, leurs places dans les cieux ;
Leurs vertus, leur pouvoir, leurs troupes innombrables.

Figurez-vous, enfin, la céleste beauté,
La lumière, le feu, l'éclat, la majesté,
De ces chers favoris du Monarque invisible.

Et si le Dieu vivant, qu'ils servent nuit et jour,
Dans sa gloire infinie est incompréhensible,
Comprenez sa grandeur par celle de sa cour.

1 : Les Païens diminuaient la gloire des anges, en les tenant pour mortels ; mais ils la portaient à l'excès, en les estimant éternels. Ils leur attribuaient aussi des corps subtils et imperceptibles, comme l'air et le vent ; ce que font même quelques anciens docteurs de l'Eglise.   **5** : Ils empruntent des corps dans leurs apparitions ; et l'Ecriture, aussi bien que les peintres, leur donnent des ailes, des habits, et des épées.

LIVRE PREMIER   SONNET IX

Sur l'Esprit Malin

NATURE, prête-moi tes plus noires couleurs ;
Fourni pour mon tableau le sang d'une panthère,
Le venin d'un dragon, le fiel d'une vipère,
D'un crocodile, enfin, et l'écume et les pleurs.

Je veux peindre aujourd'hui l'artisan des malheurs,
Le lion, le serpent, le monstre sanguinaire,
Qui nous fit tous mortels, en tuant notre père,
Et par lui nous causa d'éternelles douleurs.

Il nous ouvrit la voie aux infernales flammes,
Et ce bourreau cruel et des corps et des âmes
Détruisit, d'un seul coup, le bonheur des humains.

C'est à toi-même, ô Dieu, que Satan fit l'outrage ;
L'homme est ta ressemblance, l'œuvre de tes mains :
Venge l'Original, en sauvant son image.

10 : On dit qu'il bat et qu'il meurtrit horriblement les sauvages. Les chinois, ou d'autres peuples d'Orient et d'Occident, l'adorent par la crainte qu'ils ont de sa cruauté. La haine qu'il porte à Dieu, dit St. Augustin, l'anime contre la pauvre créature humaine. Il tâche de venger sur l'image le tort qu'il croit avoir reçu de l'Original.

Sur l'Homme, Image de Dieu

Quand, des yeux de la foi, je vois le premier âge,
Où tu formas de l'homme et l'esprit et le corps,
Je te bénis, Seigneur, tout-puissant et tout-sage,
Qui dans ce composé versas tant de trésors.

Ce fut là ton chef-d'œuvre, et ton plus noble ouvrage,
Dont le rare artifice, et les nombreux ressorts,
Expriment clairement les traits de ton Image,
Et causent dans mon cœur de célestes transports.

Éternel, si dans moi ton Image est empreinte,
Qu'admirant ton pouvoir, je profite en ta crainte,
Et je t'offre les vœux de ma fidélité.

Que mon cœur, pour t'aimer, devienne tout de flamme,
Et que, pour rendre hommage à ta divinité,
Je consacre à ta gloire, et mon corps, et mon âme.

2: Galien dit, « qu'en reconnaissant Dieu pour l'Auteur de toute la belle économie de notre corps, il est assuré de lui chanter une hymne beaucoup plus agréable que ne lui feraient toutes les victimes et tous les parfums ».
9: Allusion au mot de J. C. : Rendez à César, etc. c'est-à-dire, selon St. Augustin : César exige de nous cette impression de son image ; et Dieu vous demande l'impression de la sienne, qui est votre âme, dans son essence, dans ses facultés, et dans ses habitudes.

Sur l'Homme, Petit Monde

PORTRAIT de la divine Essence,
Incomparable bâtiment,
Où l'Éternel, en le formant,
Déploya sa toute-puissance ;

Simple être, par ton existence ;
Plante, par ton accroissement ;
Animal, par ton sentiment ;
Ange, par ton intelligence ;

Temple vivant, monde abrégé,
Où le Créateur a logé
Tant de différentes images ;

Chef-d'œuvre admirable et divers ;
Homme, rends à Dieu les hommages
Des êtres de tout l'univers.

---

1 : Sa beauté publie que Dieu est son auteur ; et quelle figure ferai-je à Dieu, puisqu'à le bien prendre, l'homme lui-même est sa figure ? (Minutius Félix.) C'est un miracle qui surpasse de bien loin et les éléments et le Ciel même, disent quelques Anciens. Et d'autres le qualifient, animal divin, étincelle de Dieu, temple de Dieu, roi du bas univers, dieu visible, dieu mortel, merveille du monde, monde de merveilles, et microcosme, c'est-à-dire, petit monde.

LIVRE PREMIER   SONNET XII

Sur la Jeunesse

JEUNESSE, ne suis point ton caprice volage;
Au plus beau de tes jours, souviens-toi de ta fin.
Peut-être verras-tu ton soir dans ton matin,
Et l'hiver de ta vie au printemps de ton âge.

La plus verte saison est sujette à l'orage;
De la certaine mort le temps est incertain;
Et de la fleur des champs le fragile destin
Exprime de ton sort la véritable image.

Mais veux-tu dans le Ciel refleurir pour toujours?
Ne garde point à Dieu l'hiver, qui des vieux jours
Tient sous ses dures lois la faiblesse asservie.

Consacre-lui les fleurs de ton jeune printemps,
L'élite de tes jours, la force de ta vie;
Puisqu'il est et l'Arbitre et l'Auteur de tes ans.

1 : Que ta jeunesse soit celle d'un vieillard. c'est-à-dire, qu'elle soit accompagnée de sagesse, dit St. Augustin. **6** : Qu'y a-t-il de certain en cette Terre, que la mort, dont l'heure même est incertaine St. Augustin. **8** : Notre vie se flétrit comme une fleur. Cette fleur se sèche pendant que nous parlons. (Pétrarque) **12** : La jeunesse est une couronne de roses, disent les rabbins.

LIVRE PREMIER   SONNET XIII

Sur la Vieillesse

PAUVRE homme, dont la force est la force d'un verre ;
Vieillard faible et tremblant, à toi-même ennuyeux,
A qui tant d'ennemis font ensemble la guerre,
Ne veux-tu point songer à quitter ces bas lieux ?

Ne sens-tu point la mort, qui te suit, qui te serre ?
As-tu perdu l'esprit ? et ton cœur vicieux,
Endurci par les ans, et tenant à la Terre,
N'a-t-il ni mouvement, ni chaleur pour les Cieux ?

Vois ces monts sourcilleux, dont les cimes chenues
Portent leur front de neige à la hauteur des nues,
Et dont le sein répand un déluge de feux.

Ainsi, pour t'élever à la gloire éternelle,
La neige sur le poil, le cœur brûlant de vœux,
Corrige ta froideur, par le feu de ton zèle.

1 : C'est un pot cassé, et la vieillesse est une couronne d'orties disent les Juifs.   **9** : Ce sont les trois montagnes d'Islande, Helga, Hécla, et la Croix.   **13** : La montagne est devenue neige, disent les rabbins, en parlant d'une tête blanche. Que ta vieillesse blanchisse des cheveux blancs de la sagesse et des bonnes œuvres ; et qu'il ne s'y trouve aucune noirceur de péché. (St. Augustin) La vieillesse a assez d'autres laideurs, n'y ajoute point celle du vice. (Caton)

Sur les Animaux

Des Eaux, de la Terre, et des Airs,
Richesse et merveille infinie ;
Hôtes qui peuplez l'univers,
Vieille et seconde colonie ;

Que dans vos logements divers,
La discorde en étant bannie,
Pour louer Dieu, vos cœurs ouverts
Fassent une sainte harmonie.

Mortel, béni sa majesté ;
Il produisit, par sa bonté,
Tant d'animaux pour ton usage.

Mais qu'il te souvienne aujourd'hui,
Que formant pour toi cet ouvrage,
Ses mains te formèrent pour lui.

1 : C'est-à-dire, les poissons, les bêtes, et les oiseaux. **3** : Allusion aux divers logements, et à l'union des animaux renfermés dans l'arche, au temps du déluge ; c'est le concert du Psaume 148. **5** : Tu as créé tous les biens sensibles pour son corps ; le corps pour l'âme, et l'âme pour toi, dit St. Augustin. **14** : Tu as voulu, Seigneur, que toute la nature fût à l'homme, afin que l'homme fût tout à toi.

Sur les Arbres et les Plantes

Ouvrages merveilleux du Dieu de la nature ;
Hauts cèdres, dont le front s'élève jusqu'aux cieux,
Basse hysope, arbrisseaux, baume, encens précieux ;
Et de l'herbe des prés éternelle verdure ;

Parterres émaillés, vivante enluminure,
Qui charmez l'odorat, en ravissant les yeux ;
Fils de nature et d'art, jardins délicieux ;
Plantes pour la santé, fruits pour la nourriture ;

Vos beautés, il est vrai, présentent à mes sens
Par la bonté du Ciel, des plaisirs innocents.
Mais, à l'instant, je songe au sort du premier homme.

Je vois le triste objet du jardin plein d'appas,
Où le poison mortel de la fatale pomme
Saisit le cœur d'Adam, et causa son trépas.

2 : On a vu dans la Nouvelle Espagne un cèdre qui tenait mille hommes à l'ombre sous ses branches.   13 : Le fruit défendu à Adam s'appelle communément une pomme, mais on ne sait pas précisément ce que c'est ; et il y en a qui tiennent que ce pourrait bien être ce beau et délicat fruit des Indes, que l'on nomme figue d'Adam, ou pomme de Paradis, qui étant coupé montre la figure d'une croix, et qui a des feuilles de plus d'une aune.

LIVRE PREMIER   SONNET XVI

Sur les Cieux

Hauts et vastes lambris, d'éternelle structure ;
Incorruptibles Cieux, divins compartiments ;
Voûtes d'argent et d'or, superbes bâtiments,
Dont, sans art, Dieu forma la noble architecture ;

Globes de si parfaite et si riche figure,
Si constants, si légers, en tous vos mouvements ;
Qui dans votre ample sein logez les éléments,
Et qui servez de comble à toute la nature ;

De votre auguste front quand je vois la rondeur,
Les grâces, les trésors, la pompe, et la splendeur,
Les diamants, l'azur, le cristal, et la flamme ;

Percé de vos rayons, ébloui de vos feux,
Je ne puis retenir ce transport de mon âme :
O que le Maître est grand, qui vous fit si pompeux !

5 : la figure ronde est un emblème de la Divinité, tant elle est noble et excellente. Aussi est-ce la figure, qui comparée à toute autre de même circonférence, comprend le plus grand espace, et où il n'y a ni commencement, ni fin.   **14** : La beauté du ciel nous fait voir qu'il y a un Dieu (Galien), et son mouvement est l'harmonie de Pythagore, qui nous publie la gloire de son Créateur.

Sur le Soleil

FLAMBEAU de l'univers, charmant père du jour,
Globe d'or et de feu, centre de la lumière,
Admirable portrait de la cause première ;
Tu fais de la nature et la joie et l'amour.

Comme un superbe roi, qui brille dans sa cour,
Couronné de rayons, en ta haute carrière,
Des portes d'Orient tu franchis la barrière,
Pour visiter le Gange, et le Pô, tour à tour.

Ainsi, marchant toujours dans ta pompe royale,
Et courant de l'Aurore à l'Inde Occidentale,
Tu répands en tous lieux ton éclat sans pareil.

Mais, si je te compare au Dieu de la nature,
Dont tu n'es, après tout, que la faible peinture,
Ton éclat n'est qu'une ombre, et tu n'es plus soleil.

3 : Un philosophe païen, nommé Eudoxe, en était si amoureux, qu'il souhaitait de pouvoir le contempler de près, quand il lui en eût dû à l'instant coûter la vie ; et l'idolâtrie la plus ancienne et la plus universelle est celle du soleil. **5** : Les Orientaux l'appelaient Bel ou Baal, et Molec, c'est-à-dire roi. **8** : Fleuves, des Indes en Orient, et d'Italie en Occident.

LIVRE PREMIER   SONNET XVIII

Sur la Lune

SŒUR de l'astre du jour, vigilante courrière,
Tu règnes sur les eaux, et d'un cours diligent,
Sous un lambris d'azur, dans un trône d'argent,
Tous les mois tu fournis ton illustre carrière.

Tu passes, tour à tour, l'un et l'autre hémisphère ;
Et lorsqu'on voit ton frère en l'onde se plongeant,
Par différents aspects, ton visage changeant,
En dépit de la nuit ramène la lumière.

Mais, ô belle planète ! où ton visage luit,
Règnent pourtant toujours les ombres de la nuit ;
Et ta faible clarté n'en peut rompre les voiles.

Quand pourrai-je monter jusqu'au brillant séjour,
Où, sans ombre, sans nuit, sans lune, et sans étoiles,
Du Soleil éternel je verrai le grand jour !

1 : Mais les chinois, et quelques autres Orientaux, disent agréablement, que le soleil et la lune sont le mari et la femme, et que les étoiles sont leurs enfants.   **4** : Sa renaissance nous représente chaque fois la Résurrection. (St. Augustin)   **5** : Quelques-uns l'ont fort bien nommée le petit soleil, ou le vicaire du soleil. Mais dans son éclipse les barbares tremblent, et font des lamentations.   **10** : C'est pourquoi Théophraste a raison de l'appeler le faible soleil.

Sur les Éléments

FRÈRES, de qui toujours la parfaite harmonie
Règne, sans s'altérer, dans vos vieux différends;
Grands corps, de siècle en siècle affermis en vos rangs,
Dont tous les autres corps sentent la tyrannie;

Éléments séparés, dont la force est unie;
Fixes, mouvants, légers, pesants, actifs, souffrants;
Chauds, froids, humides, secs, obscurs, et transparents;
Qui marquez du grand Dieu la sagesse infinie;

Pères et destructeurs de tant d'êtres divers,
Qui naissant et mourant dans ce vaste univers,
Eprouvent de vos lois la fatale puissance;

Heureux, qui ne craint plus l'atteinte de vos coups;
Et qui sur tous les Cieux, loin de votre inconstance,
Peut vivre, respirer, et se mouvoir, sans vous!

1 : Ce sonnet n'a plus évidemment aucun sens à la lumière de la science moderne (ThéoTEX).   **9** : Les éléments sont les principes de la génération et de la corruption de tous les corps mixtes, ou composés, et c'est ce qui les a fait adorer par les païens.

Sur le Feu

Corps subtil, élément suprême,
Qui, logé sous le firmament,
Sans travail dans ton mouvement,
Te nourris toujours de toi-même :

Ton frère, d'une ardeur extrême,
Esclave au terrestre élément,
Volant aux Cieux incessamment,
Montre qu'il te cherche, et qu'il t'aime.

Mais par ce vol précipité,
S'échappant de captivité,
Il semble qu'il dit à mon âme :

Âme, étrangère en ce bas lieu,
Que n'as tu des ailes de flamme,
Pour voler sans cesse à ton Dieu !

1 : C'est le feu élémentaire, que l'on s'imagine dans la concavité du ciel de la lune.   **13** : Une âme embrasée de la charité de Dieu, a des ailes de flamme, pour voler d'un saint amour au Seigneur. (St. Augustin)

Sur l'Air

VASTE élément, ciel des oiseaux ;
Corps léger, subtile peinture ;
Maison, dont la fine structure
Comprend trois étages si beaux ;

Riche tente, dont les rideaux,
Par le Maître de la nature,
Sont étendus pour couverture,
Et sur la Terre, et sur les Eaux ;

Ministre du grand luminaire ;
Hôte fidèle, et nécessaire ;
Cause, qui produis tant d'effets ;

Messager de calme et d'orage,
Je vois dans ton sein le passage
Qui mène à l'éternelle paix.

---

1 : On prétend prouver aujourd'hui combien pèse toute la masse de l'air. (Les expériences de Toricelli et de Pascal sur la pression atmosphérique datent des années 1640, et sont donc de trente ans antérieures aux sonnets de Drelincourt. ThéoTEX.)

Sur le Tonnerre et la Foudre

COURRIER de la haute vengeance,
Ministre de Dieu, dont la voix
Nous fait sentir, tout à la fois,
Et sa justice et sa puissance ;

Glaive de feu, divine lance,
Bras étendu du Roi des rois,
Qui des infracteurs de ses lois
Viens punir l'ingrate insolence ;

Tonnerre et foudre, votre bruit
Du courroux du Ciel nous instruit,
Et trouble toute la nature.

Mais quand Sinaï reçoit vos coups,
La voix de Sion nous assure,
Que la paix est faite pour nous.

2 : Un concile d'Espagne anathématisa certains hérétiques, qui disaient que la foudre n'était qu'une œuvre du Diable, et non pas de Dieu. Au contraire les moscovites et les péruviens l'adoraient comme une divinité. **7** : De là vient que l'impie Caligula, à l'ouïe du tonnerre, s'allait cacher sous son lit.   **12** : Opposition de la publication de la Loi à celle de l'Évangile.

Sur l'Arc-en-ciel

Le bel astre du jour, dans le sein de l'orage,
Nous forme tout à coup ce lumineux tableau,
Et, tout à coup aussi, le couvrant d'un rideau,
Il dérobe à nos yeux son inconstant ouvrage.

De ce peintre brillant la toile est le nuage ;
Ses rayons réfléchis lui servent de pinceau :
Il prend pour ses couleurs, l'or, l'azur, le feu, l'eau ;
Et la vapeur commence et finit cette image.

Fragiles ornements, éclat faible et trompeur,
Passagères beautés, filles de la vapeur,
Des faux biens d'ici bas vous peignez l'inconstance.

Par les mêmes couleurs, et par les mêmes traits,
Vous imprimez la crainte, et donnez l'espérance ;
Vous annoncez la guerre, et vous marquez la paix.

---

2 : Les péruviens étaient si charmés de la beauté de cette image, qu'ils l'adoraient ; et les caraïbes insulaires la nomment assez plaisamment le Panache de Dieu.   **14 :** La guerre est l'orage, et la paix est l'assurance contre le déluge.

Sur les Vents

Voix sans poumons, corps invisibles ;
Lutins volants, char des oiseaux ;
Vieux courriers, postillons nouveaux,
Sur terre et sur mer si sensibles ;

Doux médecins, bourreaux terribles ;
Maîtres de l'air, tyrans des eaux,
Qui rendez, aux craintifs vaisseaux,
Les ondes fières, ou paisibles ;

Vents, qui dans un cours inconstant,
Naissez, et mourez chaque instant ;
Mes jours ne sont qu'un vent qui passe ;

Mon corps fait naufrage en la mort,
Mais Dieu, du souffle de sa grâce,
Pousse mon âme dans le port.

3 : Ils courent en droite ligne, ou bien ils tournent en rond. L'empereur Vérus donnait à ses courriers les noms des vents, et leur faisait appliquer des ailes. **5** : Il y a des vents agréables et salutaires, comme ceux que l'on nomme Zéphyrs. Mais il y en a d'autres qui sont cruels et meurtriers, comme ces vents du Pérou, qui font vomir jusqu'au sang, et qui tuent subitement (à l'époque de Drelincourt le Pérou était la terre lointaine servant d'exutoire au besoin de récits fantastiques). C'est pourquoi les Païens sacrifiaient aux vents, pour se les rendre favorables.

Sur la Mer

J'ADMIRE, en te voyant, la source dont tu sors;
Les biens que tu produis, et les biens que tu pilles;
Et la robe d'argent, dont parfois tu t'habilles,
Lorsque les vents émus troublent ton vaste corps.

Qui pourrait de ton sein compter tous les trésors,
De tes divers poissons les nombreuses familles;
Les perles, l'ambre-gris, le corail, les coquilles,
Que ton bruyant courroux étale sur tes bords?

Sur tout, je dois bénir la puissance adorable,
Qui dompte ta fureur avec des grains de sable,
Et dont la sage main ton flux a limité.

Mais, quand dois-je aborder cette mer pacifique,
Sans tempête, sans flots; où dans l'éternité,
L'on voit ce que la gloire a de plus magnifique!

4: La mer a plus d'étendue que la Terre; sa profondeur est ordinairement de une demi-lieue d'Italie, mais elle a des gouffres impénétrables. **7**: Les naturalistes d'aujourd'hui disent que l'ambre-gris est un ouvrage commencé par les abeilles dans les rochers, et achevé par la mer (l'ambre-gris est en réalité une déjection du cachalot, ThéoTEX). **12**: Allusion à la mer du sud, nommée la mer pacifique, et à la mer de verre, qui est représentée dans l'Apocalypse.

LIVRE PREMIER   SONNET XXVI

Sur les Fontaines et les Rivières

VERRES tremblants, miroirs liquides,
Flots d'argent, veines de cristal,
Qui de votre coulant métal
Humectez les terres arides;

Canaux, dont les ondes rapides,
S'enfuyant de leur lieu natal,
Roulent, par un ordre fatal,
Dans le sein des plaines humides;

Beaux fleuves, ruisseaux précieux,
Où le brûlant astre des cieux,
Se baignant, amortit ses flammes;

Qu'êtes-vous pour charmer les cœurs,
Au prix de la Source où les âmes
Puisent d'éternelles douceurs?

1: Dans la Nouvelle Espagne on voit une source de couleur d'encre. Au Pérou il y a une fontaine rouge comme du sang; deux autres, dont l'eau se change, l'une en pierre, et l'autre en sel, en coulant; et une autre qui a deux canaux, l'un d'eau bouillante, et l'autre d'eau froide. On dit qu'en Cappadoce il y a un lac qui pétrifie les corps. Pline assure qu'en Mésopotamie il se trouve une fontaine d'une odeur agréable. Et le fleuve des Amazones est si beau, que son embouchure excède la largeur de la mer Méditerranée.

Livre Premier   Sonnet XXVII

Sur la Navigation

Artifice étonnant, vaste témérité !
Les mortels se sont fait des maisons vagabondes ;
Et d'un trafic douteux cherchant l'utilité,
Sur le fier élément traversent les deux mondes.

Un vaisseau jusqu'au ciel, par les flots, est porté,
Puis tout à coup il cède au caprice des ondes,
Et jusques dans l'abîme étant précipité,
Il est comme englouti dans les vagues profondes.

Ah ! si l'ardente soif d'acquérir des trésors,
Dangereux aux vivants, inutiles aux morts,
Fait quitter la patrie, et braver la mort même :

Chrétien, ne dois-tu pas, par des projets plus hauts,
Pour gagner les trésors de la gloire suprême,
Quitter les biens du siècle, et braver tous les maux ?

2 : Les Anciens, ignorant la boussole, n'étaient que des enfants dans la navigation.   3 : La convoitise du gain a inventé les navires, dit l'auteur du Livre de la Sagesse.   11 : Anacarsis disait de ceux qui sont sur la mer, qu'il n'y avait que l'épaisseur d'une planche entre eux et la mort, et il balançait à les compter entre les vivants.   14 : Avec quel travail et quelle peine ne mérite pas d'être acquis le repos qui ne finira jamais ? (St. Augustin)

LIVRE PREMIER   SONNET XXVIII

Sur la Terre

MAISON des bergers et des rois ;
Corps, à qui la cause première,
Sans autre organe que sa voix,
Donna la forme et la matière ;

Machine, assise sur ton poids ;
Sans art, admirable ouvrière ;
Dont le Créateur, par ses lois,
Rendit féconde la poussière ;

Mère des vivants et des morts,
Qui, les mains pleines de trésors,
Me fais voir ta riche abondance ;

En vain tu prétends m'engager ;
Mon corps a chez toi pris naissance,
Mais mon cœur s'y trouve étranger.

9 : Les anciens ont dit que la Terre avait été mariée avec le Ciel pour la génération des choses Ils l'honoraient sous divers noms. Il semble que celui de Rhéa, qui signifie *mère*, représentait Ève, la mère de tous les vivants.   **14** : Comme on reprochait à Anaxagore d'avoir méprisé son pays, il dit, en montrant du doigt le ciel, qu'au contraire il en avait un son grand soin.

Sur l'Or

VIEUX tyran, d'obscure naissance;
Brillant et pâle séducteur;
Subtil et volage enchanteur;
Sujet de trouble et d'insolence;

Vaine idole, dont la puissance
Soustrait les cœurs au Créateur;
Métal, de tant de maux l'auteur;
Objet de crainte et d'espérance;

Or fatal, tu viens de l'enfer,
Pour nous faire un siècle de fer,
Dans le riche siècle où nous sommes.

Mais, ô Vertu, rare trésor!
Si tu descendais sur les hommes,
On reverrait le siècle d'or.

1: On trouve de l'or en trois manières. En pépites et en minéraux dans les mines et dans quelques puits fort profonds, mais en poudre dans des torrents et des rivières.   **4**: Allusion à la pomme de discorde des anciens poètes.   **7**: Il semble que pour nous signifier cette vérité, la nature a mêlé l'or avec le poison de l'antimoine, dans les mines.   **14**: C'est-à-dire un siècle d'abondance, de paix et de justice.

Sur les Pierres Précieuses

Quoi! sort-il tant de feux, de rayons, de lumières,
D'un si froid, si grossier, et si noir élément?
Et tant d'astres, naissants dans ces sombres carrières,
Font-ils donc de la Terre un second firmament?

Minéraux éclatants, terrestres luminaires,
Dont la tête des rois brille superbement,
Je ne puis vous compter que pour des biens vulgaires,
Et pour moi votre éclat n'est qu'un faible ornement.

Invisible Soleil, qui donnas l'être au monde,
Viens former dans mon cœur, par ta vertu féconde,
Pour célestes joyaux, l'espérance et la foi.

Mais que, cessant un jour d'espérer et de croire,
J'obtienne dans ton Ciel, et posséde avec toi,
La couronne sans prix des rayons de ta gloire.

2: Les minéraux se produisent dans les entrailles de la Terre. **7**: Le commun peuple, et les chevaux en sont ornés au pays où en sont les mines. Mais Nonius, sénateur romain, estimait tant son opale, qu'il aima mieux s'exposer à perdre la vie, que de la donner à Antoine. **11**: L'émeraude est l'emblème de l'espérance, et le diamant l'est de la foi.

LIVRE PREMIER   SONNET XXXI

Sur la Pierre d'Aimant

CE grossier minéral, sous sa noire apparence,
Renferme dans son corps une vertu sans prix.
Que le simple et le sage, également surpris,
En viennent de concert admirer l'excellence.

Des siècles précédents la faible connaissance
Son plus rare secret n'avait jamais compris :
C'est vous, siècles nouveaux, qui nous avez appris
De ce riche secret l'heureuse expérience.

Grand Dieu, qui fis ainsi, par tes puissantes mains,
Sur le vaste océan une route aux humains,
Tantôt pour le commerce et tantôt pour la guerre,

Mon cœur flotte, et s'égare en ce bas élément ;
Et, comme un poids de fer il s'attache à la terre.
Que ta loi soit son pôle, et ton Ciel son aimant !

5 : Les anciens avaient bien connu la vertu qu'il a d'attirer le fer, même au travers d'une muraille ; mais ils avaient ignoré son admirable propriété de tourner toujours un certain côté vers le Nord, et l'autre vers le Sud, et de communiquer cette vertu aux aiguilles des boussoles. On ne sait pas bien le temps de cette découverte.

SONNET XXXII

Sur le Renouvellement de l'Année

Donques l'astre du jour, diligent et fidèle,
Ayant d'un cours égal, dans ses hautes maisons,
Formé les douze mois, et les quatre saisons,
Entre, d'un air pompeux, dans sa course nouvelle.

Et puis la fière mort, avec sa faux cruelle,
Menaçant de nos nerfs les faibles liaisons,
Sans écouter ni vœux, ni plaintes, ni raisons,
D'une voix importune, au tombeau nous appelle.

Le temps fuit, et s'envole ; et d'un rapide cours,
Emportant sur son aile et nos ans et nos jours,
Il n'en laisse après soi, ni l'ombre, ni la trace.

Je meurs donc en vivant : mon Dieu c'est-là mon sort.
Fais-moi vivre en ta crainte, et mourir en ta grâce,
Pour braver dans la gloire, et le temps, et la mort.

2: C'est par là qu'un roi du Pérou jugea fort bien que le soleil avait un maître. **3**: L'emblème de l'année, parmi les Egyptiens, était un serpent tourné en rond, et mordant sa queue. On dit qu'ils ont les premiers divisé l'année en douze mois. Les quatre saisons, dans les poètes, sont les quatre chevaux attelés au char du soleil. **9**: Platon dit qu'il y a deux choses, dont l'une est toujours, et ne se fait jamais, qui est Dieu ; l'autre se fait toujours, et n'est jamais, qui est le *temps*.

LIVRE PREMIER   SONNET XXXIII

Sur le Printemps

JEUNE et cher favori de la sage nature,
Qui de l'âpre saison viens finir les rigueurs,
Qui parfumes notre air de tes douces odeurs,
Et qui rends à nos bois leur belle chevelure ;

Grands et riches tapis de riante verdure ;
Roses, jasmins, œillets, pompeux amas de fleurs ;
Incomparable émail des plus vives couleurs,
Qui, sans art, surpassez les traits de la peinture ;

Petits hôtes de l'air, qui, poussant vers les cieux
D'un concert naturel les sons mélodieux,
Charmez si doucement les âmes par l'oreille ;

Beau printemps, dont l'aspect fait un monde nouveau ;
Si du haut Paradis je conçois la merveille,
Ta face est sans attraits, et tu n'as rien de beau.

1 : Entre les Païens, Hébé, déesse de la jeunesse, représentait le printemps.   **8** : La nature alors est un peintre, et dans la joie qu'elle a de sa fécondité, elle prend plaisir à se jouer ainsi en une infinité de manières. (Pline)   **13** : Le jardin du Ciel est toujours vert et fleurissant. C'est le Paradis des beautés et des délices éternelles (St. Augustin). C'est-là que sont les prés toujours odorants, et les parterres toujours enrichis des divines fleurs (Épitaphe de St. Hilaire d'Arles.)

LIVRE PREMIER SONNET XXXIV

Sur l'Été

SAISON qui viens à nous, l'œil riant, les mains pleines ;
Été, qui chaque jour prends des charmes nouveaux ;
J'admire tes habits, si brillants et si beaux ;
Les fruits de tes jardins, les troupeaux de tes plaines ;

La fraîcheur de tes bois, l'ardeur de tes arènes ;
L'azur de ton lambris, le cristal de tes eaux ;
La pompe de tes champs, l'orgueil de tes côteaux ;
Et de tes doux zéphyrs les subtiles haleines.

Je suis ravi, surtout, du sort des laboureurs,
A qui tu fais cueillir, après mille sueurs,
La riche moisson d'or, que le Ciel leur envoie.

Je sème, je travaille, et je pleure ici-bas ;
Mais je dois, dans les Cieux, recueillir avec joie,
L'abondance des biens qui suivent le trépas.

5 : On sent surtout cette ardeur dans l'Arabie déserte, et dans la Libye.   **8** : Petits vents, sains et agréables, nommés Zéphyrs, c'est-á-dire, qui donnent la vie.   **12** : Semons en cette vie, pleine de larmes (St. Augustin). Que sèmerons-nous ? Les bonnes œuvres. Cette vie est une vallée de larmes, où nous semons en pleurant. Mais dans la patrie céleste nous moissonnerons avec joie le fruit de la semence, la couronne de la joie et de l'allégresse.

Sur l'Automne

O SAISON, qui de Dieu sagement ordonnée,
Achèves de l'Été les ouvrages divers ;
Saison, qui devançant le froid de nos hivers
A nous y préparer nous semble destinée ;

Saison, de mille biens richement couronnée ;
Automne, qui fais voir, dans ce vaste univers,
Du massif élément tous les trésors ouverts ;
J'admire les beautés dont ta face est ornée.

Mais en flattant mes sens, crois-tu charmer mon cœur,
Avec tes riches dons, et ta douce liqueur ;
Ou remplir mes désirs, avec ton abondance ?

Mon cœur languit toujours en ces terrestres lieux :
Sa plus sensible joie est dans son espérance ;
Et le bien qu'il attend ne se trouve qu'aux Cieux.

1 : Quelle sagesse, d'avoir tempéré l'hiver et l'été par l'automne et par le printemps, avec tant d'art et de justesse, que l'on passe doucement, et comme insensiblement, des ardeurs de l'un aux froideurs de l'autre ! (Minutius Félix.)   **10** : Les Manichéens avaient le vin en horreur, comme le venin du dragon.   **13** : Mon espérance est dans la terre des mourants ! mais ma portion est dans la terre des vivants (St. Augustin).

Sur l'Hiver

O SAISON, tout ensemble, et triste, et rigoureuse !
C'est toi qui fais trembler les bergers et les rois ;
Qui prives de verdure et les champs et les bois ;
Et qui rends du soleil la face ténébreuse.

Noire fille du temps, ouvrière orageuse ;
Horreur, qui jour et nuit retiens, durant trois mois,
La nature en syncope, et le monde aux abois ;
Hiver, dont le seul nom fait une image affreuse ;

Exposer à mes sens tes frimas, tes glaçons,
Tes ténèbres, tes eaux, tes rigueurs, tes frissons,
Enfin, tes dures lois, tes assauts, tes tempêtes ;

N'est-ce pas m'exprimer, et la mort, et ses traits ;
Qui, menaçant nos jours, et pendant sur nos têtes,
Font sentir à nos corps leurs funestes effets ?

1 : Dans la Zone Torride, la seule différence des saisons est le temps de la sécheresse, qui y fait l'été, et le temps des pluies, qui y fait l'hiver ; mais un hiver verdoyant et sans froid, et qui n'est que comme un rafraîchissement de la nature.   **14** : L'hiver est le temps de l'affliction, du scandale, et de l'amertume. C'est ici notre hiver. Quand sera-ce notre printemps, et notre été ? Lorsque Jésus-Christ, qui est notre vie paraîtra (St. Augustin).

LIVRE PREMIER   SONNET XXXVII

Sur la Providence
Dieu Conservateur

SANS le secret concours de ta divinité,
Père de l'univers, âme de la nature,
On verrait ce grand tout bientôt précipité
Dans son premier chaos, et dans sa nuit obscure.

Tu peux seul arrêter son instabilité ;
Ton bras, par sa vertu, soutient ta créature ;
Et pour l'entretenir, ta libéralité,
Des trésors de ton sein, produit sa nourriture.

Enfin, le monde entier subsiste par tes lois ;
Le plus simple berger, et le plus grand des rois,
Éprouvent chaque jour ta bonté souveraine.

Toujours fort, toujours sage, et toujours glorieux,
Ayant tout fait de rien, tu maintiens tout sans peine :
C'est créer, tous les jours, et la Terre et les Cieux,

1 : Dieu est la Cause première et universelle, qui intervient nécessairement dans toutes les causes secondes et particulières. D'où vient ce que chante le psalmiste : que si Dieu détourne ses yeux et retire son esprit des créatures, incontinent elles défaillent. Tu m'as tiré du néant, et si ton secours me manque, j'y retombe. (St Augustin)   **13** : Épicure ôtait follement à Dieu sa Providence, pour le décharger de peine.   **14** : Quelques-uns ont fort bien nommé la Providence, une création continuée.

LIVRE PREMIER   SONNET XXXVIII

Sur la Providence
Dieu Directeur

PAR de secrets ressorts tu gouvernes le monde,
Grand Dieu, qui remplis tout par ton immensité,
Rien ne peut arriver, sur la terre et sur l'onde,
Si tu ne l'as voulu de toute éternité.

O puissant Créateur de la machine ronde !
Ton trône a pour appui la force et l'équité ;
Et tu fais éclater ta sagesse profonde,
Dans le désordre même et dans l'obscurité.

Tes propres ennemis travaillent à ta gloire ;
Ils poussent, de leurs mains, le char de ta victoire,
Et, contre leurs projets, ils font ta volonté.

Mais si toujours elle est, et sage, et juste, et sainte,
Fais qu'en mes plus grands maux j'adore ta bonté ;
Et qu'en tout temps je garde et mon zèle et ta crainte.

9 : Le Démon, dans sa cruauté, dit St. Augustin, est entré au cœur de Judas, a livré Jésus-Christ, et l'a crucifié. Mais Jésus-Christ crucifié est la Rédemption du monde. Qu'il est beau de voir, par les yeux de la foi, Darius, Cyrus, Alexandre, les Romains, Pompée, et Hérode, agir, sans le savoir, pour la gloire de l'Évangile ! (Pascal) Dieu triomphe dans le char de sa Providence ; et nous suivons son char, ou comme libres, ou comme esclaves. (St. Emile)

LIVRE PREMIER   SONNET XXXIX

Sur la Providence
Dieu Protecteur

TA sagesse gouverne et la Terre et les Cieux ;
Rien ne peut échapper à ta haute science ;
Tout fléchit sous tes lois, en tout temps, en tous lieux ;
Tes yeux veillent pour moi ; ton bras est ma défense.

Formateur des humains, tout grand, tout glorieux,
Tu fus mon Protecteur, même dès ma naissance.
Loin de moi, vaine crainte, effroi pernicieux,
Si j'ai pour mon appui sa sainte Providence.

Tout cède, tout conspire au bien de ses enfants :
Dans leur défaite même, il les rend triomphants ;
Et leur jour se produit de leur nuit la plus noire.

O tyrans, ô démons, ennemis de mon sort !
Apprenez, qu'en souffrant je parviens à la gloire ;
Et que j'obtiens la vie, au milieu de la mort.

7 : Si Dieu a soin de toi, pourquoi te mets-tu en peine de toi-même ? (Socrate) Dieu est le Père de tous les hommes, mais il l'est surtout des gens de bien. (Alex.)   10 : Une voix de triomphe et de délivrance se fait ouïr sous les tentes des justes, où leurs ennemis ne s'imaginent que tristesses et désolation, parce qu'ils ne sentent pas les joies intérieures des saints, remplis de l'espérance de l'avenir. (St. Augustin)

Livre Second
Sur Diverses Histoires de l'Ancien Testament

LIVRE SECOND SONNET I

Sur l'état d'Adam et d'Ève
Dans le Paradis Terrestre

O COUPLE bienheureux ! à qui le Ciel envoie
Ce qu'il a de plus rare et de plus précieux ;
Et qui, dans un palais vaste et délicieux,
Vois commencer des jours filés d'or et de soie !

Que désire ton cœur ? Sous toi l'univers ploie ;
Ton sceptre est la raison ; tes gardes sont tes yeux ;
La justice te sert d'un habit glorieux ;
Et Dieu fait ton amour, ta couronne, et ta joie.

L'air flatteur te caresse avec ses doux zéphyrs ;
L'eau, de ses flots d'argent, entretient tes plaisirs ;
Et la terre à tes vœux satisfait d'elle-même.

Mais, c'est louer ton sort par des vers superflus.
Un point manque, sans doute, à ton bonheur suprême :
Quelque heureux que tu sois, tu vas ne l'être plus.

3 : C'était le jardin d'Eden, ou le Paradis terrestre, situé dans un endroit de l'Asie, dont on n'est pas bien d'accord entre les doctes.   **4** : C'est-à-dire, des jours éclatants et pompeux. Allusion aux Parques des païens **14** : Ni les Juifs, ni les chrétiens, ne conviennent pas entre eux du temps qu'Adam et Ève demeurèrent dans le Paradis ; mais la plupart tiennent qu'ils en furent chassés dès le soir du même jour qu'ils y étaient entrés.

Sur le Péché d'Adam

JE vois dans ta personne un ingrat, un rebelle,
Et le propre ennemi de sa félicité ;
Qui, contre son Seigneur lâchement révolté,
Attire sur sa tête une peine éternelle.

Ève, dans son amour, est trompeuse et cruelle ;
Son poison, par l'oreille, en ton cœur est jeté ;
Et du fruit défendu la fatale beauté
Te porte dans les yeux une atteinte mortelle.

Pour ton mal, tu te fais l'arbitre de ton bien ;
En voulant être tout, tu te réduis à rien ;
Et ton ambition te conduit au supplice.

Tu traînes avec toi tes enfants au tombeau,
Et dans leur triste sort, je doute avec justice,
Si je t'en dois nommer le père, ou le bourreau.

5 : Ève était aide du Démon, et non pas de son mari, dit St. Augustin. **7** : Semblable à ces délicieuses et mortelles pommes de l'Amérique, nommées *mancenilles*. **14** : Adam et Ève, vous avez été les meurtriers, aussi bien que les pères, de tous les hommes. Et ce qui est de plus déplorable, c'est que vous avez été leurs meurtriers avant que d'être leurs pères. (St. Bernard)

Sur le Meurtre d'Abel

Triste et sanglant objet d'une cruelle envie,
Ange en homme vêtu, berger chéri des Cieux,
Quel sujet rend ton frère un bourreau furieux,
Qui ne peut qu'en ton sang voir sa rage assouvie ?

La lumière du jour par ses mains t'est ravie,
Pour l'éclat de ta foi, qui lui blesse les yeux.
C'est l'amour du Seigneur qui te rend odieux,
Et c'est ta sainteté qui te coûte la vie.

Je bénis ta mémoire, et j'admire ton sort,
Jeune et premier martyr. Toutefois, en ta mort,
Ton sang au juste Ciel demande la vengeance.

Mais du mystique Abel, immolé sur la croix,
Le sang pur et divin, qui coule en abondance,
Demande grâce au Ciel, d'une plus forte voix.

3 : N'est-il pas étrange qu'au second siècle du Christianisme il y ait eu des hérétiques, qui faisaient profession d'honorer Caïn comme un vaillant homme, et de mépriser Abel pour sa faiblesse ?   **10 :** Il commença les martyres, lorsque pour la justice il fut tué le premier. (St. Cyprien)

Sur le Déluge

La mer a donc rompu son frein et sa barrière :
La terre, ensevelie aujourd'hui sous les flots,
A repris le chemin de l'horrible chaos ;
Et l'univers n'est plus qu'une humide carrière.

La mort s'offre en tous lieux d'une égale manière ;
En vain, pour l'éviter, les tristes animaux
Cherchent leur sûreté dans les lieux les plus hauts :
Ce grand tout n'est pour eux qu'un vaste cimetière.

O déluge vengeur ! par toi, le Dieu jaloux,
Lâchant sur les humains la bonde à son courroux,
Semble vouloir laver les souillures du monde.

Mais voyant leurs horreurs dans l'effroyable étang,
Je dis, sans me tromper : Qu'est-ce que de cette onde ?
Il faut, pour les laver, un déluge de sang.

4 : On dispute aujourd'hui entre les doctes, si ce déluge universel inonda tout le globe terrestre, ou seulement toute la partie habitée par le genre humain, qui n'était pas encore répandu sur toute la face de la Terre. **14 :** Le déluge du péché (dit St. Bernard) avait attiré sur le monde un déluge d'eau. Mais l'impuissance de ce second déluge a fait la nécessité d'un troisième, qui est un déluge de sang, c'est-à-dire, l'abondante effusion du sang de Jésus-Christ.

Sur l'Arche de Noé

Vaisseau miraculeux, espérance du monde,
Tu tiens en abrégé, séparément couverts,
De la terre et de l'air les animaux divers,
Et tu les garantis de la fureur de l'onde.

Ta course est périlleuse, autant que vagabonde ;
Tu flottes en cent lieux, sur l'humide univers ;
Tantôt, comme élevé jusqu'au-dessus des airs,
Tantôt, comme abîmé dans la vague profonde.

L'œil, dans ces noirs dangers, te juge à tout moment,
Englouti par les flots du perfide élément ;
Mais la foi, jugeant mieux, dit pour ton assurance :

Ne crains point de périr, Dieu te porte en ses mains
Et tu portes en toi la bénite semence,
Qui doit produire un jour le Sauveur des humains.

1 : Quelques savants du siècle montrent curieusement la juste et l'admirable capacité de cette arche, pour loger les animaux et leurs aliments, pendant un an et dix jours qu'ils y demeurèrent renfermés, le dernier roi du Mexique avait une maison des animaux, où, comme dans une autre arche de Noé, il nourrissait toutes sortes de bêtes et d'oiseaux ; même il y avait aussi toutes sortes de poissons.   **13** : Sem, l'un des fils de Noé, de qui Jésus-Christ est descendu selon la chair.

Sur la Tour de Babel et la Division des Langues

Ces faibles vermisseaux, ces vains audacieux,
Plutôt nains que géants, basse et mortelle engeance,
Prétendent-ils braver la suprême puissance,
Et trouver le secret d'escalader les Cieux ?

De leur superbe tour le front prodigieux,
Loin d'être à ces méchants une illustre défense,
Les approche plus près de la haute vengeance,
Et flétrissant leur nom, rend leur siècle odieux.

Sans employer ici, ni l'onde, ni la flamme,
Dieu confond tout à coup les desseins de leur âme ;
Et divisant leur langue, il arrête leurs mains.

Mais un jour, pour former le plus grand des ouvrages,
Et porter en tous lieux le salut des humains,
Dieu viendra dans Sion réunir les langages.

5 : On estime que c'était la citadelle de Babylone, où, quelque temps après la dispersion, Nimrod établit le siège de son empire. Cette tour fut entreprise cent ans après le déluge, et l'on dit que c'est la même qui fut depuis consacrée à l'idole Bel. Hérodote lui donne mille pas de circuit, mais sa hauteur est incertaine.   **12** : Le jour de la Pentecôte chrétienne, par le miracle du don des langues.   **14** : Il n'y eut alors qu'une seule langue du cœur dans la foi. (St. Augustin)

Sur l'Embrasement de Sodome

Mortels, ouvrez les yeux avec étonnement !
L'ardent courroux du Ciel est prêt à se répandre :
Sodome, il te menace ! il s'en va te surprendre !
Le cri de tes péchés hâte ton jugement.

Un déluge de feu tombe subitement ;
A longs traits ensoufrés on l'aperçoit descendre,
T'inonder, ville infâme, et te réduire en cendre,
Et faire de ta plaine un vaste embrasement.

Le feu, juste vengeur, ô Justice éternelle !
Vient éteindre le feu d'une ardeur criminelle,
Et couvrir les horreurs d'une infernale nuit.

Contemples-tu, pécheur, cette illustre vengeance ?
Du feu du dernier jour sensiblement instruit,
Crains d'être ainsi surpris dans ton impénitence.

8 : C'est où l'on voit à présent la Mer Morte, ou le lac asphaltite, mêlé de bitume et de soufre, de vingt lieues de long et de cinq de large, à neuf lieues de Jérusalem. Son eau est si puante et si corrompue, que l'on ne trouve aucun poisson dans son sein, ni aucun oiseau sur ses bords ; et l'on assure que tout ce qui n'a point de vie y coule à fond, et que tout ce qui est vivant y surnage. L'empereur Vespasien y fit jeter des hommes liés, qui ne purent jamais aller au fond.

Sur le Sacrifice d'Abraham

MES yeux, que voyez-vous en ce triste tableau ?
Un père fera-t-il, sans remords, un tel crime ?
Un père sans pitié, dans l'ardeur qui l'anime,
De son unique fils sera-t-il le bourreau ?

Déjà le front couvert du funèbre bandeau,
Sur le sanglant autel, l'innocente victime,
Intrépide au péril, et d'un air magnanime,
Offre son jeune sein au barbare couteau.

Frappe, frappe ton fils, patriarche fidèle :
C'est un ordre du Ciel qui fait agir ton zèle ;
Et par ta cruauté tu vas montrer ta foi.

Mais, non ! retiens ton bras, épargne l'innocence :
Dieu te rend ton Isaac, il prend pitié de toi,
La victime qu'il veut, c'est ton obéissance.

---

6 : En la même montagne de Morija, où fut bâti le temple de Salomon. 8 : Il avait alors 25 ans, selon Josèphe, d'autres lui en donnent jusqu'à 37. St. Clément l'appelle une douce et allègre victime. Je serais, dit-il, indigne de vivre, si je résistais à l'ordre de Dieu et à la volonté de mon père. (Josèphe)   10 : Il n'estima pas qu'il y eût rien de mauvais dans ce que le Très-bon avait commandé. (St. Augustin) Il se hâtait d'égorger son fils, par une pieuse cruauté.(St. Bernard) (St. Bernard aurait mieux fait ici de ne pas se hâter de dire une pieuse sottise ; ThéoTEX)

Sur les Larmes d'Esaü

Profane, en vain ces pleurs d'une lâche tristesse
Coulent, en ce moment, du canal de tes yeux;
Et d'un frère béni détestant la finesse,
En vain ta voix éclate en termes odieux.

Misérable chasseur, lorsque la faim te presse,
Dans l'aveugle appétit d'un ventre furieux,
Pour un grossier repas, tu vends ton droit d'aînesse,
Et pour jamais tu perds un bien si précieux.

Infâme! après cela tu prétends l'avantage,
La promesse, les fruits, la gloire et l'héritage,
Que ta bouche infidèle a cédés lâchement?

Mais si ton nom toujours fut en horreur aux hommes,
Puis-je pas, aujourd'hui, crier amèrement,
Mon Dieu, que d'Esaüs dans le siècle où nous sommes!

7: Jacob céda le plaisir d'une viande, et il reçut l'honneur de la dignité. (St. Augustin.) Le droit des aînés, parmi les Hébreux, consistait principalement en trois choses : la seigneurie sur leurs frères, la double portion des biens paternels, et l'office de la sacrificature jusqu'au temps du sacerdoce lévitique. **14**: Esaü représente tous les hommes charnels, animaux et sensuels, qui pour les biens du siècle méprisent ceux de l'éternité. (St. Augustin)

Sur la Lutte de Jacob

C'EST en vain que la vieille et la nouvelle Histoire
De ses fameux guerriers conte les grands exploits ;
Le saint athlète ici mérite plus de gloire,
Que n'en eurent jamais les plus puissants des rois.

Ces héros, dont le temps conserve la mémoire,
N'ont vu que des mortels asservis à leurs lois.
Mais du vaillant Jacob l'excellente victoire,
Et sur l'homme, et sur Dieu, s'étend tout à la fois.

Quel autre à ce lutteur peut être comparable,
Si ce n'est le Lutteur qu'on nomme l'Admirable,
Et qui, seul, a le Ciel et l'Enfer surmonté ?

Aux efforts de Jacob Dieu se montra propice ;
Jacob dans ce combat sut fléchir sa bonté ;
Mais c'était à Jésus à vaincre sa justice.

8 : C'est pourquoi il fut nommé Israël, c'est-à-dire, vainqueur du Dieu fort. L'Écriture nomme l'Antagoniste de Jacob, Homme, Ange, et Dieu ; c'est-à-dire Dieu en forme humaine, et se servant du ministère d'un ange. Ou bien, cet ange était Jésus-Christ lui-même, l'Ange du grand conseil.
9 : St. Jérôme n'a reconnu ici qu'une lutte spirituelle du cœur, et non pas des mains. Mais d'où serait venu le déboîtement de la hanche de Jacob ?

Sur Joseph

PERSÉCUTÉ, vendu, condamné, misérable ;
Diversement aimé ; libre, absous, glorieux.
Dans l'horreur d'un cachot, sur un char radieux,
Tu parais toujours grand et toujours admirable.

Esclave, prisonnier, ministre incomparable,
Prophète, prince, et fils, digne de tes aïeux,
Tu sens partout sur toi, l'Esprit, la main, les yeux
Du Monarque éternel, à tes vœux favorable.

Pressé comme la palme, et souvent abattu,
Tu relèves plus haut ta constante vertu,
Et le Ciel fait plus haut éclater ta victoire.

Figure du Sauveur, dans tes combats divers,
Tu passes, comme lui, de la honte à la gloire.
Mais lui seul, en souffrant, a sauvé l'univers.

1 : On conjecture que les égyptiens ont honoré Joseph sous le signe du Taureau Céleste, et sous le nom du bœuf Apis, symbole du froment et de la nourriture. Aussi Joseph est-il comparé à un taureau dans le Deutéronome.   6 : Ce fils fut le père nourricier de son père, de ses frères, et de toute l'Égypte. Aussi est-il nommé, dans l'Écriture, le jeune père, et le père du roi ; et St. Jérôme estime que Pharaon lui donna un nom qui signifie Sauveur du monde.

LIVRE SECOND   SONNET XII

Sur la Servitude d'Egypte
Prosopopée

FOULÉS, meurtris de coups, accablés de misères,
Nous passons notre vie au travail des fourneaux,
Et sans cesse, avec l'eau de nos larmes amères,
Nous détrempons la terre, en ces ardents tombeaux.

D'enfants trop malheureux, inconsolables pères,
Dès leur naissance, hélas! nous sommes leurs bourreaux.
Et du sang innocent de leurs faibles artères,
L'impitoyable Nil ensanglante ses eaux.

Portez, tristes clameurs, filles de la tristesse,
Portez au plus haut Ciel la douleur qui nous presse.
Juste Ciel! souffres-tu ce spectacle odieux?

Mais d'être sans autel, sans loi, sans sacrifices,
Sous la barbare main d'un tyran furieux,
C'est ce qui fait pour nous le plus grand des supplices.

6: Ayant été prédit au roi d'Egypte qu'il naîtrait en ce temps-là un Israélite, qui affligerait extraordinairement son Etat, et rehausserait merveilleusement la condition du peuple d'Israël, s'il parvenait en âge d'homme, il fit cet édit cruel, que tous les enfants mâles qui naîtraient en Israël fussent jetés dans la rivière. Ce qui a quelque rapport au dessein de massacre des enfants de Bethléhem, qu'Hérode fit faire pour perdre l'enfant Jésus, dont Moïse était la figure.

Sur Job

GRAND saint, de qui le Ciel protège l'innocence,
De combien de douleurs accablé je te vois !
Tous les maux conjurés viennent fondre sur toi,
Et tu sens du démon la cruelle insolence.

La poudre, qui te sert de siège en ta souffrance,
Te donne plus d'éclat que le trône d'un roi ;
Et comme deux saphirs, l'espérance et la foi,
Font, dans tes yeux mourants, éclater la constance,

Illustre par les biens que le Ciel te versa,
Illustre par les coups dont l'Enfer te perça,
Tu parais aujourd'hui dans la scène du monde.

Je te vois des égaux dans ta prospérité ;
Mais la grâce, où ton cœur dans l'orage se fonde,
Te rend incomparable en ton adversité.

1 : J'ose dire qu'il a été égal aux apôtres (St. Chrysostôme). On tient qu'il a vécu un peu avant Moïse, pendant la servitude des Israélites en Égypte ; et l'on conjecture qu'il était de la postérité de Nacor, ou même d'Abraham, par Kétura. Les Hébreux ne donnent qu'un an à son épreuve, mais d'autres sept. **14** : Job, vainqueur sur son fumier, est plus excellent qu'Adam vaincu dans le Paradis (St. Augustin). Dieu applaudissait à ce spectacle, et le Démon en enrageait (Tertullien).

LIVRE SECOND　　　SONNET XIV

Sur Moïse

Du Nil jusqu'au Danube, et du Pô jusqu'au Gange,
Ton nom, divin héros, résonne en l'univers.
On te voit, on t'admire en trois états divers,
Où, par l'ordre éternel, ton sort trois fois se change.

Tiré du sein des eaux, par un bonheur étrange,
L'Égypte dans sa cour te tient quarante hivers.
Puis de simple berger caché dans les déserts,
Tu deviens d'Israël et le pasteur et l'ange.

L'air, la terre, les flots, les tyrans inhumains,
Fléchissent sous ta verge, et respectent tes mains,
Et le Ciel sur ton front imprime sa lumière.

Dieu paraît à tes yeux, sans ombre et sans rideau.
Et si, sans voir la mort, tu contemplas le Père,
Pour contempler le Fils, tu quittas le tombeau.

1 : Fleuves d'Égypte, d'Allemagne, d'Italie, et des Indes Orientales.
2 : Au rapport de l'historien des Juifs, il avait été prédit à Moïse, avant sa naissance, qu'il serait un homme incomparable, et que sa gloire serait éternelle. Et, selon Saint Epiphane, il fut adoré comme un Dieu dans l'Arabie Pierreuse.　　**3** : Ces trois états en peuvent figurer trois en Jésus-Christ, le Moïse mystique.　　**14** : Ce fut dans la transfiguration de Jésus-Christ sur le Tabor.

Sur la Sortie d'Égypte
Prosopopée

DIEU donc sur nos tyrans fait fondre la tempête.
Dieu contre eux de son peuple a les vœux exaucés :
Leur disgrâce est venue, et nos maux sont passés ;
Leur nuit fait notre jour, leur douleur notre fête.

L'ange exterminateur a volé sur leur tête,
Et d'un glaive de feu leurs aînés sont percés ;
L'Égypte est toute en deuil, tous les cœurs sont glacés.
Lève-toi, peuple saint, ta délivrance est prête.

Va planter dans Elim tes riches pavillons,
Fais camper sous Sinaï tes nombreux bataillons,
Et jusques dans Sion signale ta victoire.

Moïse en vain pour toi neuf coups avait lancés,
Mais de l'ange, envoyé du séjour de la gloire,
Un seul coup te sauvant, les a tous surpassés.

6 : C'est la peste, qui perça leurs cœurs d'un venin subtil et brûlant ; l'épée des anges, dit Josèphe, c'est la pestilence. Ainsi l'ange qui frappa de mortalité la ville de Jérusalem, au temps de David, nous est représenté avec une épée. **8** : Délivrance, dit St. Augustin, qui figure notre rédemption par Jésus-Christ. **12** : Ce sont les neuf plaies d'Égypte, qui avaient précédé le passage de l'ange destructeur. Ces dix plaies durèrent un an, selon l'opinion des Juifs.

Livre Second   Sonnet XVI

Sur le Passage de la Mer Rouge

Sur ton Dieu, peuple saint, justement tu te fondes ;
Sa main, pour t'arracher à tes cruels bourreaux,
Fendant pour toi la mer, écartant ses roseaux,
Fait deux murs de cristal de ses eaux vagabondes.

Les poissons, bondissant de leurs grottes profondes,
Suspendus et fixés dans la glace des eaux,
Semblent d'un œil jaloux voir des hôtes nouveaux,
Qui marchent à pied sec dans l'abîme des ondes.

Que te sert, ô tyran ! de marcher sur leurs pas ?
Tous les flots retournés te portent le trépas,
Quand Israël sauvé se voit sur le rivage.

Ainsi, malgré l'effort du démon furieux,
Dieu te fait, ô chrétien ! de la mort un passage,
Qui te conduit du monde à l'empire des Cieux.

1 : Moïse, à l'aspect de la mer et des montagnes, dit alors à Dieu, au nom de tout Israël : « Cette mer et ces montagnes sont à toi, Seigneur ; Tu peux, à ta parole, ouvrir ces montagnes et faire de cette mer une terre ; et nous pouvons même nous envoler par l'air, si tu as pour agréable de nous sauver ». (Josèphe)   **3** : Cette mer, pour l'abondance de ses roseaux, est nommée par les Hébreux, la mer des Roseaux. On l'appelle autrement le Golfe Arabique.

Sur les Miracles du Désert

POUR ton peuple, grand Dieu! tu forces la nature;
Les flots sont du cristal, les rochers sont des eaux;
Et le feu des serpents, prompts et volants bourreaux
Est éteint par l'aspect d'un serpent en figure.

Le pain, tombant des cieux, fournit sa nourriture;
Le vent, pour ses repas, apporte des oiseaux;
Tu l'éclaires la nuit, par tes divins flambeaux;
Et ton ombre, le jour, lui sert de couverture.

Ton invincible bras, dans l'horreur des déserts,
Lui prête son secours, par deux fois vingt hivers,
Contre tous ennemis, et contre tous obstacles.

Partout, enfin, ton peuple est un peuple vainqueur.
Mais veux-tu faire en lui le plus grand des miracles?
Change en un cœur de chair la pierre de son cœur.

4: Ce serpent d'airain figurait Jésus-Christ élevé pour notre salut sur la croix.   **5**: On remarque sur la manne, qu'elle a donné lieu au plus long de tous les miracles. C'est sa conservation dans un vase d'or durant plusieurs siècles.   **13**: St. Chrysostôme appelle ainsi la réformation du cœur.

Sur la Loi

J'ENTENDS du Mont Sinaï la trompette effroyable ;
Sa tempête et ses feux se présentent à moi,
Et mon âme étonnée, à l'aspect du grand Roi,
Attend d'un triste sort l'arrêt irrévocable.

Juge de l'univers, Vengeur inexorable,
Puis-je, étant criminel, subsister devant toi,
Et subir aujourd'hui l'examen de ta loi,
Sans être condamné, sans être punissable ?

J'ai beau me repentir, j'ai beau verser des pleurs ;
Par tous ces vains efforts j'augmente mes douleurs ;
Le glaive pend toujours sur ma tête rebelle.

Mais, lorsque je te crains, je ressens ta faveur :
C'est que, pour me sauver de la mort éternelle,
Tu veux que cette loi me mène à mon Sauveur.

1 : Montagne de l'Arabie Pierreuse, où Dieu donna sa Loi, dans un terrible appareil, le jour de la Pentecôte, et au plus tôt l'an du Monde 2455. **9** : La Loi est dure, gravée en des pierres dures, prête à frapper, ne sachant ce que c'est que d'avoir pitié, ôtant tout lieu à la repentance, refusant la grâce et ignorant l'amendement du pécheur. (St. Bernard) **14** : C'est pourquoi St. Paul l'appelle un précepteur qui nous mène à Jésus-Christ,

Sur l'Arche de l'Alliance

CHEF-D'ŒUVRE de sagesse et de magnificence !
Oracle portatif, siège de vérité ;
Second trône de Dieu, sur la Terre arrêté,
Où ce grand Dieu fait voir aux mortels sa présence ;

Séjour des chérubins, symbole de clémence,
Char pompeux de victoire et de prospérité,
Qui fais du camp des saints, un camp si redouté,
Et qui dans leurs combats les remplis d'assurance.

L'ancien peuple, ravi de ta possession,
Fait de tes ornements son admiration.
Tu n'as pourtant du Ciel les trésors qu'en figure.

Mais le peuple nouveau, portant plus haut ses yeux,
Contemple en son Sauveur une arche, où par nature
Réside et le Monarque et la gloire des Cieux.

2: Opposition aux sièges des faux oracles du père du mensonge.
5: Par son propitiatoire, qui figurait excellemment Jésus-Christ notre Seigneur.   **9**: L'Arche était la force et la beauté d'Israël : c'était le sujet de sa confiance de ses applaudissements. (St. Augustin) C'était la couronne de sa tête. (Abarbanel.)   **13**: Toute la plénitude de la divinité, dit St. Paul, habite en Jésus-Christ corporellement, c'est-à-dire, non pas en ombre et en figure mais essentiellement et substantiellement.

Sur les Sacrifices

NOTRE âme, en ses remords, justement alarmée,
Nous peint d'un noir pinceau nos crimes odieux,
Et du Dieu juste et saint la vengeance enflammée,
Avec des traits ardents, le fait voir à nos yeux.

Éteignons, par nos soins, sa colère allumée,
Cherchons, pour son autel, des agneaux en tous lieux.
Que d'holocaustes saints une épaisse fumée,
Avec nos cris perçants, s'élève jusqu'aux Cieux.

Mais quand tous les agneaux deviendraient des victimes,
Hélas ! que peut leur sang pour effacer nos crimes,
Et du Juge éternel éteindre le courroux ?

Lui seul peut nous fournir le parfait Sacrifice,
Et de ses propres biens satisfaisant pour nous,
Par le sang de son Fils, apaiser sa justice.

1 : La joie d'une bonne conscience est un paradis, dit St. Augustin. Mais la mauvaise conscience, dit St. Jérôme, est le ver qui ne meurt point, le feu qui ne s'éteint point.   **12** : Le sacrifice propitiatoire de la croix, où le sacrificateur (comme dit St Augustin) a pris de nous ce qu'il devait offrir pour nous. Car il a pris de nous la chair, mais en cette même chair il a été fait victime et holocauste.   **14** : Ici la grâce et la vérité se rencontrent ; la justice et la paix s'embrassent. (Ps. 85)

Sur Josué

INVINCIBLE vainqueur de plus de trente rois ;
Héros, dont la trompette abattit des murailles ;
La vierge aux bras ailés, la courrière à cent voix,
Porte en tous les climats le bruit de tes batailles.

L'infidèle t'a vu, dans tes rudes exploits,
De ses nombreux enfants déchirer les entrailles,
Soumettre son pays à tes puissantes lois,
Et rendre ses beaux jours des jours de funérailles.

Cent conquérants si fameux par leurs actes guerriers,
Partagent avec toi la moisson des lauriers,
Et, jaloux de ton sort, ils disputent ta gloire.

Mais enfin tu parais un homme sans pareil :
Car quel autre vainqueur, poursuivant sa victoire,
Arrêta par sa voix la course du soleil ?

1 : Il en vainquit trente un, dit l'Histoire Sainte. On tient qu'il était l'Hercule, non pas des grecs, mais des égyptiens des arabes et des phéniciens. **3** : C'est la peinture de la renommée, selon les anciens poètes. **14** : Ce jour, là en valut deux, dit l'Ecclésiaste. Il semble que les païens aient emprunté d'ici, ou de l'histoire d'Ézéchias la fable de la nuit redoublée par leur Jupiter ; car cela présuppose un double jour dans l'autre hémisphère.

Livre Second — Sonnet XXII

Sur Gédéon

LES jugements du Ciel sont toujours admirables,
Par de faibles moyens Dieu fait de grands exploits,
Et les moindres guerriers, animés par sa voix,
Deviennent tout à coup des héros redoutables.

Il n'est point, en sa main, d'organes méprisables :
Les trois cents champions, que dans ce camp tu vois,
Préparés pour combattre, et marqués par son choix,
Vaincront de l'ennemi les troupes innombrables.

Mais de quoi sont armés ces gendarmes nouveaux ?
De cruches pour boucliers ; pour flèches de flambeaux ;
D'une trompette, enfin, au lieu d'un cimeterre.

Donc, au fort des dangers, prends courage mon cœur :
Si le monde et l'enfer t'ont déclaré la guerre,
Dans ton infirmité Dieu te rendra vainqueur.

2 : Dieu est admirable en conseil et magnifique en moyens, dit Ésaïe.
8 : Madian et Amalec ayant 135 000 hommes, et Gédéon 300, c'était justement 450 ennemis contre un seul israélite. Cependant ils perdirent 120 000 hommes. Ainsi Gédéon fut pour eux un vrai Gédéon, c'est-à-dire un exterminateur.   9 : Les théologiens, se fondant sur un passage d'Ésaïe, trouvent ici une figure allégorique de la victoire de Jésus-Christ

Sur la Fille de Jephté

REGARDE cette fille, et si sage et si belle,
Qui vole où la conduit le paternel amour ;
Et prenant en ses mains la flûte et le tambour,
A son père vainqueur vient témoigner son zèle.

Tu verras, tout à coup, la fête solennelle
En un deuil imprévu se changer sans retour ;
Un orage soudain, éteignant ce beau jour,
Couvrira son éclat d'une nuit éternelle.

Par son funeste vœu, le triomphant guerrier
Dans le sang virginal ternira son laurier ;
Et rendra sa victoire amère et lamentable.

La mort d'Iphigénie est peinte en ce tableau,
Mais pour l'état du père, il est si déplorable,
Qu'il n'est, pour l'exprimer ni couleur, ni pinceau.

10 : Les anciens docteurs, et juifs et chrétiens, tiennent qu'en effet, en conséquence de ce vœu, Jephté sacrifia sa fille deux mois après.   **12** : Les doctes estiment que l'Iphigénie de la fable n'est autre chose que le nom déguisé de la fille de Jephté, comme qui dirait Jephtigénie. A Sébaste, dit St. Epiphane, on solennisait sa fête, et on lui rendait des honneurs divins.
14 : Allusion au voile d'Agamemnon, dans le tableau de Timante.

Sur Samson

NE vois-je pas ici le véritable Alcide ?
Son invincible bras, en mille occasions,
A de ses ennemis défait les légions ;
Mais c'est dans ses cheveux que sa force réside.

O non pareil athlète ! ô courage intrépide !
Quoi, faut-il qu'un héros qui dompte les lions,
De vainqueur soit vaincu dans ses illusions,
Par les fausses douceurs d'une beauté perfide ?

Ta vertu toutefois se ranime en ta mort ;
Et de vaincu vainqueur, par un dernier effort,
De tous tes ennemis ton cœur prend la vengeance.

Mais, ô petit soleil ! dans la mort étouffé,
Qu'es-tu, près du Soleil, qui dans sa défaillance
A même, par sa mort, de la mort triomphé ?

---

1 : Alcide était l'Hercule des païens ; on lui attribuait les actions de Samson, comme, la défaite du lion, dont il portait les dépouilles.   **4** : Force miraculeuse, vu la faiblesse naturelle des cheveux.   **11** : Samson, en Hébreu, veut dire petit soleil. Selon d'autres, il signifie le *Soleil de la force*. Ce qui convient fort bien à Samson, et beaucoup mieux encore á Jésus-Christ, le Samson mystique, et le Soleil de justice.

Sur Samuel

Je vois le saint éclat qui ton front environne,
Grand prophète ; tu fais, tu déposes les rois ;
Sans armes, tu soumets Israël à tes lois ;
Et sur lui, plus que roi, tu règnes sans couronne.

Le Ciel, qui ses faveurs à tes vœux abandonne,
Pour vaincre l'ennemi, n'oppose que ta voix ;
Et pour comble d'honneur, coup sur coup, par trois fois,
Dans tes plus jeunes ans, Dieu te parle en personne.

Alors encore enfant, novice et mal instruit,
Quand Dieu te parle ainsi, dans l'ombre de la nuit,
Pour la voix d'un mortel tu prends la voix céleste.

Que de flatteurs, hélas ! justement odieux,
Par un entêtement téméraire et funeste,
Font, de la voix de l'homme, un oracle des Cieux !

2 : Cela paraît en la personne de Saül, de David et d'Agag.   **6** : Il fut alors un vrai Samuel, c'est-à-dire exaucé de Dieu.   **14** : Samuel avait pris la voix de Dieu pour celle d'Héli, grand-pontife. Mais à l'opposite le peuple de Césarée criait, à la voix d'Hérode : Voix de Dieu, et non point d'homme, et les sectateurs de Montanus prenaient sa voix pour celle du Paraclet, c'est-à-dire, du St. Esprit. Il en est de même de tous les esclaves des faux prophètes.

Sur David

C'EN est fait grand héros ! le Ciel l'avait promis ;
Des cruels Philistins l'espérance est trompée ;
Leur terrible géant a la tête coupée ;
Et ton bras est vainqueur de tous tes ennemis.

Mais ton lâche adultère en cachette commis,
Et du barbare Ammon la meurtrière épée,
Au sang du brave Urie injustement trempée,
Te rendent à toi-même, avec honte, soumis.

Pour te vaincre, aujourd'hui, ranime ta vaillance ;
Et la harpe à la main, docteur de pénitence,
Chante de ton salut, et l'ouvrage, et l'Auteur.

Que l'univers entier admire, en ta personne
Un monarque puissant, fait d'un simple pasteur ;
Je préfère, pour moi, ta harpe à ta couronne.

3 : David terrassant Goliath, est la figure de Jésus-Christ qui détruit le Démon. (St. Augustin) **5** : David ne commit pas son adultère et son meurtre dans ses fuites et dans ses combats, mais lorsqu'il fut dans l'aise et dans le repos. Il faut donc veiller sur soi avec plus de soin dans la prospérité que dans l'adversité. (St. Augustin) **10** : Que ceux qui ne sont pas tombés l'écoutent, pour se garder de tomber. Et que ceux qui sont tombés l'écoutent, pour se relever de leur chute. (St. Augustin)

Sur Absalom

Que ce fier Absalom à soi-même est contraire !
Et que son nom dément sa conjuration !
Son nom dit que la paix est son vrai caractère,
Et c'est pourtant l'auteur de la sédition.

C'est un traître, un ingrat, un tigre, une vipère ;
Un lâche, un furieux, de qui la passion
Veut éteindre aujourd'hui, dans le sang de son père,
La criminelle ardeur de son ambition.

L'eût-on cru toutefois, que la flèche mortelle,
Qui vient percer enfin le cœur de ce rebelle,
De son père trop tendre excitât les douleurs ?

Perdant un autre fils, il montra sa constance :
Si pour ce scélérat il verse tant de pleurs,
Le genre de leur mort fait cette différence.

1 : Absalom, en Hébreu, signifie *Père de paix*. **13** : Il ne pleurait pas tant la mort d'Absalom pour avoir été privé d'un tel fils, mais parce qu'il savait dans quels tourments fut alors précipitée cette âme impie, adultère et parricide. Car auparavant il avait témoigné de la joie dans la mort d'un autre fils, qui était innocent. (St. Augustin) C'est alors qu'il prononça ce beau mot : « Il ne reviendra point à moi, mais j'irai à lui ».

Livre Second — Sonnet XXVIII

Sur le Temple de Salomon

Que la Terre avec joie ouvre tous ses trésors,
De l'Ourse à l'Eridan, du Couchant à l'Aurore ;
Et que de tous ses biens l'onde couvre ses bords,
De la Mer Atlantique à la Mer du Bosphore.

Que l'art à la nature ajoutant ses efforts,
L'Egyptien, l'Hébreu, le Tyrien, le More,
Préparent à l'envi, dans leurs communs accords,
Et le cèdre, et le marbre, et les métaux encore.

Oui, que pour faire un temple au Père des humains,
Tous les mortels unis prêtent ici leurs mains
Au prince d'Israël, des mortels le plus sage.

Je te vois, je t'admire, ô divin bâtiment !
Mais l'homme n'a formé que le corps de l'ouvrage.
Sois-en, Seigneur, et l'âme et le couronnement.

---

1 : Ce sont les quatre parties du monde : car l'Ourse et l'Eridan sont deux constellations, dont l'une est du Septentrion, et l'autre du Midi.
4 : C'est-à-dire, de l'Océan Occidental à la Mer Méditerranée, où sont les deux Bosphores des Anciens. Une partie est mise ici pour le tout.
14 : C'est ce que Dieu faisait par sa résidence dans l'Arche, qui, à cause de sa présence efficace et glorieuse, est nommée sa force et sa gloire.

LIVRE SECOND   SONNET XXIX

Sur la Reine de Séba

REINE illustre en sagesse, aussi bien qu'en puissance,
Qui, du Golfe Arabique ayant laissé les bords,
Vins faire en Palestine, avec magnificence,
Admirer ton esprit, éclater tes trésors;

D'un monarque sans pair la haute sapience
Parut insurmontable à tes savants efforts;
Et passant de fort loin ta première créance,
De ton âme ravie excita les transports.

Ce grand prince, il est vrai, te charma par l'oreille,
Mais quels transports divins, par sa voix sans pareille,
N'eût pas produit en toi le Salomon des Cieux!

Suivant ce Roi céleste, et t'oubliant toi même,
N'aurais-tu pas toujours, pour ce choix glorieux,
Quitté palais, trésors, sujets et diadème?

2: Cette princesse ne vint pas d'Égypte, ni d'Ethiopie, mais de cette partie de l'Arabie Heureuse où demeuraient les Sabéens proprement ainsi nommés, sur les bords du Golfe Arabique, ou de la Mer Rouge. C'est de Salomon et d'elle que les empereurs des Abyssins se vantent aujourd hui d'être descendus. **11**: Le nom de Salomon, qui signifie *pacifique*, convient par excellence à Jésus-Christ le Prince de paix. (St. Augustin)

Sur Élie

SÉRAPHIN corporel, dont le zèle admirable
Produit de jour en jour des miracles nouveaux ;
Grand saint, de qui souvent les anges, les corbeaux,
Comme autant d'officiers, viennent couvrir la table.

Second homme immortel, dont la voix redoutable
Tire le feu du ciel, et maîtrise les eaux,
Fait trembler les tyrans, fait ouvrir les tombeaux,
Et détruit des faux dieux le culte abominable ;

Colonne d'Israël, prophète glorieux,
Un char de feu, volant, rapide, radieux,
T'enlève pour jamais à notre indigne Terre.

Au Tabor néanmoins, descendant une fois,
Ton zèle, qui toujours à l'erreur fit la guerre,
Combattra le scandale et l'horreur de la croix.

5 : Le premier homme immortel a été Hénoc, et le second Élie. **6** : C'est ce qui a fait dire aux Juifs, qu'Élie portait la clé du Ciel. **12** : Dans la transfiguration de Jésus-Christ, qui, comme l'on croit, se fit sur le Tabor, montagne de Galilée. C'est là qu'Élie et Moïse, descendus du Ciel, s'entretinrent des merveilles de la Passion du Seigneur, comme pour donner à entendre à toute la Terre, qu'elle faisait l'entretien et l'admiration des saints du Paradis.

LIVRE SECOND   SONNET XXXI

Sur Jonas

TROP timide Jonas, que ton naufrage est beau !
La main de l'Éternel, en miracles féconde,
Te prépare un asile au sein même de l'onde,
Et fait pour toi, d'un monstre, un pilote, un vaisseau.

Soudain passé d'un gouffre en un gouffre nouveau,
Deux fois mort, sans mourir, tu te fais voir au monde ;
Et dans cet accident, ô merveille profonde !
La mort t'ôte à la mort, et la tombe au tombeau.

Du Sauveur des humains excellente figure,
Tu quittes dans trois jours ta noire sépulture.
Ton sort d'avec le sien diffère toutefois :

Sur ton corps aujourd'hui la mort a la victoire ;
Mais le Jonas céleste, affranchi de ses lois,
Est monté du sépulcre au séjour de la gloire.

1 : Le nom de Jonas, qui signifie une colombe, marque sa timidité.
4 : Selon Josèphe, il fut porté à terre sur les rives du Pont-Euxin, qui est la Mer Noire. Il semble que les païens aient tiré d'ici la fable de leur Arion, jeté dans la mer par des mariniers, mais sauvé par un dauphin ; et la fable de leur Hercule, englouti par une baleine, dans le ventre de laquelle il demeura trois jours et trois nuits, et dont il sortit sain et sauf le troisième jour, n'y ayant perdu que ses cheveux.

Sur la Maladie d'Ézéchias

TON sort, malade illustre, a pour moi des appas :
On voit à tes côtés un ange de lumière ;
Et du grand Médecin la vertu singulière
T'enlève, par miracle, aux efforts du trépas.

Qu'obtiens-tu par tes vœux, ou que n'obtiens-tu pas ?
L'Arbitre de tes jours, exauçant ta prière,
De trois lustres entiers allonge ta carrière.
Et pour toi le soleil retourne sur ses pas.

Oui, tes pleurs et tes cris, dans tes rudes alarmes,
Contre les coups du Ciel te fournissent des armes,
Et te rendent célèbre à la postérité.

Ainsi, quand nos neveux apprendront ton histoire,
Éternel, diront-ils, un lit d'infirmité
Devient, par ta puissance, un théâtre de gloire.

7 : Un lustre, parmi les Romains, était l'espace de cinq ans.   **8** : L'ombre du soleil rétrograda de dix degrés au cadran d'Achaz, c'est-à-dire, apparemment, de cinq heures, chaque degré de ce cadran ne pouvant être que d'une demi-heure. Autrement le jour aurait été d'une longueur excessive, même sans miracle. On trouve ici, depuis midi trois fois cinq heures, qui marquaient les quinze ans ajoutés aux années d'Ezéchias.

Sur la Prison de Manassé

PRINCES qui, comme dieux, régnez dans l'univers,
Pensez-vous être exempts des misères humaines?
Voyez ce puissant roi, quatre ans chargé de chaînes,
Gémir dans un cachot, sous le poids de ses fers.

Grand prince, si tes yeux aux larmes sont ouverts,
Adouci par l'espoir la rigueur de tes peines;
Et des bontés du Ciel vois des marques certaines,
Et dans tes maux présents, et dans tes maux soufferts.

Pour tes crimes sanglants, Dieu t'ôta la couronne;
Mais sa main pitoyable à tes vœux la redonne,
Et rétablit l'honneur de ta prospérité.

Une double couronne, ô qui l'aurait pu croire!
T'est acquise aujourd'hui par ta captivité;
L'une dans la Judée, et l'autre dans la gloire.

12: Veux-tu connaître l'efficace de la repentance? disent les Juifs, considère Manassé. Il fut converti dans sa prison, et puis rétabli sur le trône. Ainsi sa captivité ayant servi à sa conversion, elle lui fit regagner la couronne temporelle de Juda, en attendant celle d'éternité. L'historien des Juifs dit des merveilles de la suite de cette conversion; et il assure que depuis, Manassé fut tout le reste de sa vie et grand zélateur, et très heureux prince.

Livre Second — Sonnet XXXIV

Sur la Mort de Josias

JEUNE et pieux héros, tout brillant de lumière ;
Prince que tes sujets appellent justement,
Du saint peuple l'amour, le plus bel ornement ;
Où t'emporte l'ardeur de ton âme guerrière ?

Arrête de ton char la course meurtrière.
Que deviendrait ton peuple en ton éloignement,
Si d'un combat douteux le triste évènement
Terminait les beaux jours de ta belle carrière ?

Mais la flèche mortelle est déjà dans son flanc,
Et le champ de bataille est rouge de son sang.
Pleurons sans fin les maux dont sa mort est suivie.

Qu'à sa gloire pourtant cèdent nos intérêts.
S'il perd dans le combat la couronne et la vie,
Il va régner au Ciel dans l'éternelle paix.

4 : Lorsqu'il alla témérairement combattre le roi d'Egypte, s'opposant ainsi à l'ordre de Dieu, qui, selon les Juifs, avait été donné à ce prince par Jérémie.   **9** : Le Talmud des Juifs dit, que comme Josias était prêt à rendre l'âme, le prophète Jérémie s'étant aperçu qu'il remuait les lèvres, se pencha sur lui, et qu'approchant son oreille de fort près, il entendit ce grand prince prononcer à voix basse, en expirant : Tu es juste, Seigneur ! car j'ai été rebelle à tes ordres.

Livre Second   **Sonnet XXXV**

Sur la Captivité de Babylone

Retire-toi, soleil, importune lumière !
Qu'en l'horreur de la nuit mes tristes yeux plongés,
En deux sources de pleurs soient pour jamais changés ;
Jérusalem n'est plus qu'un monceau de poussière !

Des cruels Chaldéens la bande meurtrière
A nos palais détruits, nos trésors saccagés,
Nos princes, nos enfants, nos prêtres égorgés,
Et rendu la Judée un affreux cimetière.

Dieu même à leur fureur a livré sa maison,
Et contre son saint peuple, en exil, en prison,
Déployé en leur faveur ses plus terribles peines.

Oui, Dieu combat pour eux, il marche au premier rang ;
Ah ! c'est peu que mes yeux se changent en fontaines ;
Exprime-toi, mon cœur, par des larmes de sang.

1 : Plutarque parle de certains peuples, qui, dans leurs grandes afflictions, avaient des caveaux de deuil, où ils descendaient pour ne point voir la lumière.   **9** : C'est le premier temple de Jérusalem, qui avait duré 410 ou 415 ans.   **13** : Les larmes nous manqueront plutôt, que la matière de la douleur, disaient des affligés fameux dans l'Histoire. Et quand nous aurions dans nos yeux une fontaine de larmes, cette fontaine ne suffirait pas. (St. Augustin)

Livre Second   Sonnet XXXVI

Sur Daniel

GRAND ministre et grand saint, de royale naissance,
Ton angélique esprit, dans un aimable corps,
Fut richement rempli des plus rares trésors,
Qui fassent admirer la divine puissance.

Des principaux États, dans ta haute science,
Tu connus clairement les plus cachés ressorts,
La naissance de Christ, et ses sanglants efforts,
Parurent de bien loin à ton intelligence.

L'Esprit de l'Éternel s'exprima par ta voix ;
Par lui tu fis trembler, tu détrônas les rois,
Et ton cœur, en tout temps, fut un cœur intrépide.

D'autres ont terrassé des lions par leurs mains,
Mais toi seul, renfermé dans la grotte homicide,
Arrêtas, par tes vœux, leurs assauts inhumains.

2 : L'ange Gabriel le qualifie d'homme agréable. Agréable à Dieu, aux Rois et aux peuples pendant sa vie, et d'immortelle mémoire après sa mort. (Josèphe) **8** : Lui seul, entre les prophètes, et plus de cinq cents ans auparavant, a marqué le temps précis de la naissance et de la mort du Messie. **12** : Comme Samson, David et Bénaja, dans l'Histoire sainte et d'autres dans la profane, tels que sont Hercule, Polydamas, Lysimaque, et l'empereur Heraclius.

LIVRE SECOND   SONNET XXXVII

*Sur les trois Princes Hébreux
dans la Fournaise*

Qu'en dis-tu, ma raison ? dois je en croire mes yeux ?
Les trois jeunes martyrs dans l'effroyable braise
Se promènent contents, respirent à leur aise,
Et semblent y sentir un air délicieux !

La flamme, à bonds légers, subtils, officieux,
Ou, n'osant les toucher, s'enfuit de la fournaise,
Ou, d'un toucher flatteur, les caresse et les baise,
Au moment qu'à leur aide un ange vient des Cieux.

O généreux enfants, d'éclatante origine,
Que Dieu, comme de l'or, dans le creuset affine,
Je vous en vois sortir et plus purs et plus beaux.

Ainsi, pour ses élus, Dieu force tous obstacles.
Qu'ils passent par les feux, qu'ils passent par les eaux,
Son bras, pour les sauver, fait toujours des miracles.

4 : La dignité du martyre n'en fut pas moindre en eux. (St. Cyprien) Ils furent rafraîchis d'une rosée céleste dans les flammes, (dit Grégoire de Tours). Ainsi, du temps de Julien, le confesseur Théodore disait qu'au milieu de ses tourments un jeune homme lui était apparu, qui l'avait toujours assisté et consolé, essuyant ses sueurs avec un linge fort fin, et versant de l'eau froide sur ses plaies brûlantes.   **10** : L'affliction est pour toi la fournaise et le creuset de l'Orfèvre (St. Augustin).

Sur le Retour de la Captivité de Babylone

Hébreux, le croirons-nous ? Peut-être c'est un songe,
C'est d'un espoir flatteur la douce illusion ;
C'est d'un faux paradis l'aimable vision,
Trop faible allégement du souci qui nous ronge !

Non, non, c'est un miracle, et non pas un mensonge.
De nos longues douleurs Dieu prend compassion ;
Et sa main vient noyer les ennuis de Sion,
Dans un fleuve de joie, où sa bonté nous plonge.

Loin de nous, triste objet de tant de maux soufferts !
Reprenez, peuple saint, délivré de vos fers,
Vos harpes, si longtemps aux saules suspendues.

D'une effroyable nuit, Dieu vous fait un beau jour.
Poussons de nos doux airs les accents jusqu'aux nues :
Sa colère, aujourd'hui, fait place à son amour.

---

1 : C'était la pensée des Juifs dans le Psaume 126 et de St. Pierre après sa délivrance. **7** : La Jérusalem des Juifs, dit St. Augustin, est la figure de la Jérusalem éternelle, et le monde est notre Babylone. Mais comme après 70 ans de captivité, les Juifs retournèrent en leur ville ; ainsi, quand la semaine de notre vie sera passée, nous retournerons dans notre Patrie. **8** : Ainsi il est parlé d'un fleuve de délices dans les Psaumes et dans l'Apocalypse.

◇ LIVRE SECOND   SONNET XXXIX

Sur la Reine Esther

ESCLAVE si constante en ton adversité,
Tu dois régner enfin ; c'est le Ciel qui l'ordonne.
L'amour même, surpris de ta rare beauté,
Sur ton front glorieux va poser la couronne.

D'un monarque puissant la fière majesté,
Aux éclairs de tes yeux, s'éblouit et s'étonne ;
Ce monarque orgueilleux est en captivité,
Et son grand cœur, soumis, à tes lois s'abandonne.

Les attraits de ta voix, les charmes de tes pleurs,
Du saint peuple opprimé détournent les malheurs,
Et font un peuple heureux, d'un peuple misérable.

La gloire de Juda fait ton ambition ;
Et dans la belle ardeur d'un zèle incomparable,
Tes innocents appas servent ta passion.

1 : Elle était du reste des captifs emmenés de Jérusalem en Babylone du temps de Jéchonias, mais elle tirait son origine de la maison royale de Saül.   2 : Ceci semble être arrivé après que le temple de Jérusalem eut été rebâti.   5 : C'était un roi de Perse, nommé dans l'Écriture Assuérus, c-à-d Grand Prince ; et par Josèphe Artaxerxès, c-à-d, Grand Guerrier. Plusieurs tiennent que c'était Artaxerxès Longue-main.

Livre Troisième
Sur Diverses Histoires Du
Nouveau Testament

LIVRE TROISIÈME   SONNET I

Sur l'Évangile

SOURCE du vrai bonheur, admirable nouvelle !
Le Roi des rois descend du séjour glorieux ;
L'Éternel s'est fait homme, il paraît à nos yeux ;
Et l'Immortel endure une peine mortelle.

La porte de la grâce est ouverte au fidèle ;
Christ éteint par son sang la colère des Cieux,
Efface des pécheurs les crimes odieux,
Et trace le chemin à la gloire éternelle !

Ici, le créancier devient le débiteur ;
Ici, le juste souffre, au lieu du malfaiteur ;
Et j'y vois des secrets qui ravissent les anges.

Sans pareilles grandeurs qui vous offrez à moi,
En vain j'entreprendrais de chanter vos louanges :
D'un mystère si grand, l'éloge, c'est la foi.

8 : Admirable économie d'un mystère ineffable ! Le Maître paye la dette du serviteur ; l'Innocent est puni pour le coupable : un Dieu souffre la peine du péché d'un homme. O Fils de Dieu, à quel point ta charité a-t-elle été embrasée ! Jusqu'où est descendue ton humilité ! Jusqu'où est monté ton amour ! (St. Augustin)   **11** : C'est pourquoi St. Pierre dit qu'ils désirent de les pénétrer jusqu'au fond.   **14** : La foi est un panégyrique du cœur, qui surpasse tous ceux de la langue.

Sur la Sainte Vierge

MÈRE du Rédempteur, mais toujours vierge pure,
Que ton bonheur est grand, et ton sort glorieux !
Quelle main, quel pinceau peut former la peinture
De l'immortel honneur que tu reçois des Cieux ?

Par toi, le Créateur veut être créature ;
L'infini se renferme en tes flancs précieux ;
Ton Père dans la grâce est ton fils par nature ;
Et, sortant de ton sein, vient paraître à nos yeux.

Tu mets au jour l'Auteur des clartés éternelles ;
Et tu nourris, du lait de tes chastes mamelles,
Celui qui de ses biens entretient l'univers.

Ève nous fit mourir, par sa fatale envie ;
Mais, ô vierge féconde en miracles divers,
Dans le fruit de ta foi tu nous donnes la vie.

5 : Il ne perdit pas ce qu'il était, disent quelques Anciens, mais il commença à être ce qu'il n'était pas Le premier concile d'Éphèse anathématise justement tous ceux qui dénient à la sainte vierge la qualité de mère de Dieu. Jésus- Christ, dit St. Augustin, s'est fait lui-même une mère, pour naître d'elle ; mais elle a été plus heureuse de l'avoir conçu dans son cœur, que de l'avoir conçu dans son corps. **14** : Marie est le paradis mystique qui a produit l'arbre de vie. (St. Bernard)

Sur la Naissance de Notre Seigneur
Admiration

O MYSTÈRE fertile en merveilles étranges !
Ouvrez ici, mortels, et vos cœurs et vos yeux ;
Et vous, purs séraphins, sainte troupe des anges,
Venez, d'un vol ardent, en ces terrestres lieux.

Celui, dont jour et nuit vous chantez les louanges,
A quitté, pour un temps, la demeure des Cieux ;
Son habit de lumière est caché sous des langes,
Il change en un toit vil son palais glorieux.

Le Fort, l'Ancien des jours, est faible et dans l'enfance ;
L'Invisible se voit ; Dieu même prend naissance ;
L'Immortel est mortel, et l'Immense est borné.

Enfin, je l'aperçois couché dans une étable ;
Et ravi, je m'écrie : Éternel nouveau-né,
Qu'en ton abaissement tu parais adorable !

7 : Jésus-Christ en sa croix, dit St. Augustin, n'avait pour sa pourpre que son sang ; mais ici, dit St. Bernard, il cache la pourpre de la Divinité sous le cilice de notre mortalité.   **8** : Hélène fit bâtir dans ce lieu obscur un temple superbe, qui se voit voit encore aujourd hui.   **14** : Nous l'adorons, et nous l'embrassons dévotement, en la crèche, en la croix et au sépulcre, infirme, sanglant et pâle pour l'amour de nous. (St. Bernard)

LIVRE TROISIÈME   SONNET IV

Sur la Naissance de Notre Seigneur
Consolation

MISÉRABLES pécheurs, qui, dans un juste effroi,
Redoutez de l'enfer et les feux et les gênes,
Accourez, pleins de joie, au berceau du grand Roi,
Qui de ses doux regards, peut soulager vos peines.

Il arrive des Cieux : je l'entends, je le vois.
Loin de nous pour jamais, ô terreurs inhumaines !
Jésus nous garantit des foudres de la loi ;
Il vient fermer l'enfer, il vient briser nos chaînes.

Jésus à la mamelle, et Jésus au berceau !
Est-il, dans l'univers, un spectacle si beau ?
N'est-ce pas ici l'Arche avec toute sa gloire ?

Cet admirable enfant n'est-il-pas le Dieu fort,
Qui, naissant pour combattre, a déjà la victoire,
Et qui n'est fait mortel, que pour dompter la mort ?

3 : Le berceau de Jésus est ici l'Arche mystique, où l'on peut appliquer ce mot du sage : Le Rois assis sur son trône dissipe tout mal par ses regards.   **5** : L'Écriture n'en marque précisément ni la saison, ni le jour. Il faut méditer avec humilité ce silence mystérieux.   **13** : Jésus peut dire, en entrant au champ de bataille, comme César après en être sorti : Je suis venu, j'ai vu, j'ai vaincu.

Sur le Portrait de Notre Seigneur

TOI qui sais peindre l'âme, en peignant le visage,
Timante industrieux, viens tracer un tableau,
Où tout ce que ton art a de grand et de beau,
Par tes savantes mains, rencontre son usage.

Forme de la Vertu l'incomparable image,
Par les riches couleurs de ton rare pinceau ;
Et si, pour l'ombrager, tu prends la terre et l'eau,
Des rayons du soleil fais le jour de l'ouvrage.

Hâte-toi ; fais-nous voir, sous un visage humain,
L'Immortel, qui forma l'univers de sa main.
Non ; ne l'entreprends pas, mortelle créature.

Reconnais franchement ta faiblesse en ce lieu.
Tu peux de Jésus-Homme exprimer la figure,
Mais ton art ne saurait figurer l'Homme-Dieu.

---

2 : Peintre fameux de l'antiquité. On en dit autant d'un Aristide.
5 : C'est ici la Vertu revêtue d'un corps, que Platon sans la connaître, avait tant souhaité de voir, comme le plus charmant objet du monde.
8 : Ainsi Tertullien parle d'écrire avec les rayons du soleil. **14** : C'est ce qui fut sagement répondu par Eusèbe de Césarée à l'impératrice Constance qui lui demandait le portrait de Notre Seigneur.

◇ Livre Troisième   Sonnet VI

Sur l'Apparition de l'Ange aux bergers

BANNISSEZ de vos cœurs cette crainte mortelle,
Bergers : l'ange brillant, qui paraît à vos yeux,
Ne vient pas annoncer la colère des Cieux ;
Sa voix est de la paix l'interprète fidèle.

Ecoutez, vous dit-il, la charmante nouvelle :
Le Rédempteur, promis aux pères les plus vieux,
Est né dans Bethléhem, en ce jour glorieux ;
Et d'une chaste vierge il suce la mamelle.

Allez, et contemplez par les yeux de la foi,
Sous de chétifs lambeaux, la pourpre du grand Roi ;
Et son berceau royal, sous une crèche obscure.

Ne soyez point surpris des ténèbres du lieu.
Jésus, qui pour mourir a pris votre nature,
Ne doit pas, en naissant, paraître comme un Dieu.

2 : Jésus, l'Agneau de Dieu, est premièrement manifesté aux Bergers, comme il avait été premièrement promis aux patriarches, qui étaient bergers.   12 : L'étable où naquit le Sauveur, est souvent nommée par les Anciens une caverne, ou une grotte ; parce que, vu la situation de Bethléhem cette étable pouvait être creusée dans le roc. C'est dans ce petit trou de la Terre, dit St. Jérôme, qu'est né le Créateur du Ciel. Alors Bethléhem répondit mystiquement à son nom.

Sur l'Adoration des Mages

SUIVEZ, sages Gentils, suivez d'un prompt courage
Les divins mouvements du céleste flambeau,
Qui vous guide au palais d'un monarque nouveau,
A qui tout l'univers doit venir rendre hommage.

Dites au sens charnel qui s'oppose au voyage,
Que Jésus est l'objet des objets le plus beau ;
Et que si, faible et pauvre, il pleure en son berceau,
La majesté d'un Dieu reluit sur son visage.

Adorant donc en lui le Roi de l'univers,
Offrez-lui vos trésors, et vos présents divers.
L'or, la myrrhe, l'encens que l'arabe respire.

Mais le don précieux qui plaît à ce grand Roi,
Plus que ne lui plaît l'or, ni l'encens, ni la myrrhe,
C'est un cœur plein d'ardeur, d'innocence, et de foi.

1 : St Matthieu les appelle mages : c'est le nom que les Orientaux donnaient à leurs sages. St. Chrysostôme qualifie ceux-ci de premiers pères de l'Église. Selon toute apparence ils venaient de Perse, ou d'Arabie.
2 : C'est l'étoile, ou plutôt la comète miraculeuse qui leur était apparue, dont vraisemblablement un ange gouvernait la course, dans une des régions de l'air, au dessus des mages (ce qui semble être l'opinion de St. Chrysostôme).

Sur Saint Siméon

TES vœux sont satisfaits, ô vieillard vénérable!
De l'oracle du Ciel voici l'événement.
Oui, tes yeux rajeunis, en cet heureux moment,
Soutiennent les regards du Soleil adorable.

Tu le vois, tu le tiens, l'Enfant incomparable,
Qui, porté dans tes bras, porte le firmament;
Qui, dans son berceau même, est sans commencement;
Et qui partout, enfin, est toujours l'Admirable.

Qu'il t'est doux, maintenant, de t'en aller en paix,
De ta loge de terre au céleste palais!
O bienheureux passage! ô sort digne d'envie!

C'est-là pourtant le sort qui suit toujours la foi.
Mais de trouver la mort dans le sein de la vie,
C'est ce qui n'eût jamais de vérité qu'en toi.

1 : On estime probablement, qu'il était précepteur, ou père de Gamaliel.   3 : Un auteur, qui se trouve dans St. Cyprien, dit que Siméon était aveugle, et qu'en touchant celui qui est la lumière du monde, il recouvra la vue. Mais quelle apparence que l'Histoire Sainte eût omis un tel miracle?   5 : Quelle joie de tenir entre ses bras celui en qui le Salut est contenu! (St. Augustin).   13 : Il savait qu'aussitôt qu'il aurait vu le Christ, il devait mourir. (St. Cyprien)

Sur le Massacre des Enfants de Bethléhem

VICTIMES du Seigneur, au berceau couronnées,
Sous l'atteinte des coups du barbare couteau,
Par des bouches de sang, dans ce fameux berceau,
Vous confessez Jésus dès vos tendres années.

J'admire, jeunes saints, vos nobles destinées.
Vos yeux, dès leur matin, sont couverts d'un bandeau ;
Mais le fer du tyran, qui vous pousse au tombeau,
Avance votre gloire, en bornant vos journées.

Aussi, dans le moment que du sein maternel,
Vous passez dans le sein du Monarque éternel,
Cette angélique voix sur vos têtes résonne.

Rachel, ne pleurez point, vos pleurs sont superflus ;
Et lorsque vos enfants reçoivent la couronne,
Gardez-vous de crier : mes enfants ne sont plus !

1 : Leur hymne les qualifie premières victimes du Seigneur, troupe délicate d'agneaux immolés, qui dans la simplicité de leur âge se jouent de leurs couronnes ; fleurs des martyrs, que le persécuteur de Jésus-Christ enleva dès le point du jour, comme un tourbillon qui emporte les roses naissantes.   **12** : Selon la figure pathétique employée dans l'Écriture Sainte, Rachel, enterrée près de Bethléhem, représente ici toutes les mères de ce lieu-là.

Sur la Circoncision et le Baptême
de Notre Seigneur

Retirez, prêtres Juifs, retirez vos couteaux !
Quoi, du divin Enfant la chair bénite et sainte,
Qui du péché d'Adam n'a reçu nulle atteinte,
Trouverait-elle en vous aujourd'hui des bourreaux ?

Avec raison, grand saint, sur le bord de tes eaux,
De baptiser Jésus tu témoignes ta crainte.
Lui, qui du saint des saints est l'image et l'empreinte,
A-t-il besoin de grâce, en reçoit-il les sceaux ?

Circoncire Jésus, lui donner le baptême,
Comme si ce Jésus était pécheur lui-même,
C'est un juste sujet de mon étonnement !

Mais, mon âme, voici ce que la foi t'enseigne,
Celui qui des pécheurs veut souffrir le tourment,
Doit prendre leur livrée, et porter leur enseigne.

1 : Qu'est-ce que la circoncision, sinon un indice de superfluité et de péché ? Mais qu'y a-t-il de tel en toi, Seigneur Jésus ? Que faites-vous donc, ô Hommes ! d'entreprendre de le circoncire ? (St. Bernard)   6 : En le baptisant, il reconnut un Dieu dans celui qui voulait être baptisé. (St Augustin)   9 : Tu veux être baptisé, Seigneur Jésus. Mais celui qui est pur a-t-il besoin de purification ? Et l'Agneau sans tache peut-il avoir quelque tache ? (St. Bernard)

Livre Troisième   Sonnet XI

Sur Saint Jean-Baptiste Décapité

CHASTE persécuteur d'une impudique femme,
Tu combattis son vice, et ne le vainquis pas.
Le zèle, dont le Ciel embrasa ta sainte âme,
Irrita l'adultère et causa ton trépas.

Aux dépens de ta vie, une danseuse infâme,
Aux yeux d'un roi profane, étala ses appas,
Et d'un cruel bourreau la sanguinaire lame,
Fit un plat de ta tête, au tragique repas.

Mais pourquoi, si soudain, la mort précipitée
A-t-elle ta lumière à l'univers ôtée ?
Ta bouche, en se fermant, en marque la raison.

Du Soleil de justice, étoile avant-courrière,
Dois-je pas voir, dit-elle, éclipser ma lumière,
Au point que ce Soleil monte sur l'horizon ?

1 : C'était Hérodias, petite fille du grand Hérode, qui avait quitté Philippe son mari pour se donner à Hérode Antipas son beau-frère. St. Jérôme dit qu'elle perça, à coups d'aiguille, la tête de Jean-Baptiste, lors qu'elle lui fut apportée. Elle mourut en exil à Lyon. On récite que la fille Salomé, la danseuse, dansa dans l'eau à sa mort, et eut la tête coupée par la glace, qui rompit sous elle, comme elle passait une rivière.   **14** : Jean-Baptiste fut décapité un peu après que Jésus-Christ eut commencé son ministère.

Sur la Tentation de Notre Seigneur au Désert

ENFLÉ du noir succès d'un dessein sanguinaire,
Qui du bonheur d'Adam te fit le destructeur,
Tu viens, rempli d'audace, infâme tentateur,
Attaquer l'autre Adam, dans ce lieu solitaire.

Tu voulus, par le fer d'un cruel adversaire,
Nous ravir au berceau ce divin Rédempteur.
Ici, par ton poison, tu veux, ô séducteur !
Corrompre de son sang la vertu salutaire.

Anges saints, approchez de ce Roi glorieux,
Qui deux fois attaqué, deux fois victorieux,
Repousse le démon dans sa grotte profonde.

Craindrons-nous, fier démon, tes assauts et tes coups ?
N'es-tu pas terrassé par le Sauveur du monde ?
Et si tu l'es par lui, ne l'es-tu pas pour nous ?

4 : Le Démon attaque bien plus les hommes dans la solitude, que dans la compagnie. (St. Chrysostôme) Les trois tentations, dont le second Adam fut vainqueur, répondent ici aux trois tentations dont le premier Adam fut vaincu.   **5** : Dans le massacre qu'Hérode fit faire des petits enfants de Bethléhem.   **14** : Nous avons été tentés en la personne de Jésus-Christ. Et c'est aussi en lui que nous avons la victoire sur le Démon. (St. Augustin)

LIVRE TROISIÈME   SONNET XIII

Sur les Sermons de Notre Seigneur

CIEL, formas-tu jamais un prophète semblable ?
Le divin Rédempteur, dans son humanité,
Enrichi des trésors de la Divinité,
Nous ouvre du salut la source inépuisable.

O Docteur des docteurs, Pasteur incomparable !
Oracle de la grâce, et de la vérité !
La Palestine a vu, pendant plus d'un été,
Couler des fleuves d'or de ta bouche adorable.

Ta voix perce les cœurs, ta voix guérit les corps,
Dompte les éléments, ressuscite les morts,
Et tire les mortels des immortelles flammes.

Mon esprit, en ce point, t'admire justement ;
Mais de te voir prêcher sans convertir les âmes,
C'est le plus grand sujet de mon étonnement

1 : Aussi la voix du Ciel n'a jamais crié que pour lui seul : écoutez-le.
7 : La prédication de Jésus-Christ fut de trois ans et demi, selon l'opinion commune.   **5 :** Cicéron nommait le style d'Aristote, un fleuve d'or coulant.   **9 :** C'est en Jésus-Christ, et non pas dans le Périclès d'Athènes que se trouve le vrai Orateur Olympien, c'est-à-dire l'Orateur céleste et divin, qui a la persuasion sur les lèvres, et qui porte la foudre sur la langue.

Sur l'Enfant Prodigue
Prosopopée

EMPORTÉ par l'essor d'un funeste caprice,
Loin du Roi juste et saint, du Dieu de vérité,
J'ai trop longtemps, hélas! follement habité
L'infâme région de l'erreur et du vice.

Là, dans les noirs excès d'une aveugle malice,
Ingrat et lâche enfant, j'ai mon père irrité,
Et prodiguant ses biens, par ma témérité;
Sur ma tête coupable attiré le supplice.

Aujourd'hui pénitent, misérable, affligé,
Dans l'excès des malheurs où je me vois plongé,
J'ai recours à la grâce, et retourne à mon père.

Ma repentance obtient le pardon attendu.
O que mon infortune est pour moi salutaire!
Sans ma perte, Seigneur, j'aurais été perdu.

1 : Ce n'est pas par le mouvement du corps, ni par l'espace des lieux, mais par le mouvement du cœur, par la disposition de l'âme, que nous nous éloignons de toi, Seigneur, ou que nous retournons à toi. (St. Augustin)   **14** : C'est ainsi que Thémistocle, après son exil d'Athènes, s'étant réfugié dans la cour du roi de Perse, et s'y voyant magnifiquement traité, disait à ses enfants : Mes enfants, nous étions perdus, si nous n'eussions été perdus.

Sur le Mauvais Riche et Lazarre

ARRÊTE ici, passant, et d'un œil curieux,
Vois paraître en sa pompe un riche insatiable.
Vois ses puissants trésors, ses habits précieux,
L'éclat de son palais, le luxe de sa table.

Mais regarde à sa porte un spectacle odieux ;
Un pauvre, qui malade, affamé, misérable,
N'a pour lit que la terre, et pour toit que les Cieux,
Et n'est plaint que des chiens dans son sort lamentable.

Juge quel sort des deux tu voudrais éviter,
Juge quel sort des deux tu devrais souhaiter ;
L'infortune du pauvre, ou les biens de l'avare.

Prends pour toi, si tu veux, la part de ce Crésus.
Pour moi, sans balancer, je veux avec Lazarre,
La pauvreté, la honte, et la croix de Jésus.

8 : Feinte poétique. Car, à la rigueur, ces animaux prenaient plutôt Lazarre pour un cadavre, dont ils se plaisaient à sucer le sang, selon leur naturel.   **11 :** Ils changèrent tous deux de condition, chacun à son tour. (St. Augustin)   **12 :** Allusion à Crésus, roi de Lydie, fameux par ses richesses.   **13 :** Lazarre, qui veut dire destitué de secours, ne fut plus Lazarre en sa mort. Dieu le fit porter par ses anges au sein d'Abraham.

Sur le Pharisien et le Publicain

LA foudre, en sa fureur, brise et réduit en cendre
Des cèdres hauts et durs les sommets sourcilleux.
Mais du bas serpolet, et de l'hysope tendre,
La tête est à couvert de ses coups périlleux.

Ainsi dans ce tableau, pécheur, tu dois comprendre,
Que Dieu dans son courroux terrasse l'orgueilleux ;
Mais que l'humble, qui sait dans le néant descendre,
Ressent de sa pitié les effets merveilleux.

Pharisien, tu péris ! tu péris, hypocrite !
Et l'heureux publicain par les larmes évite
L'épouvantable arrêt du malheur éternel.

Oui, Seigneur, il n'est rien qu'à l'humble tu n'accordes :
S'il est, de sa nature, un pauvre criminel,
Ses mérites, grand Dieu, sont tes miséricordes.

9 : Il était comme un malade qui montrait ses membres sains, mais qui cachait ses plaies. Que Dieu couvre tes plaies, et que ce ne soit pas toi-même. Car si tu les couvres, le Médecin ne les guérira pas. (St. Augustin)
10 : Il était son juge à lui-même, afin que Dieu lui fût favorable. Il s'accusait et se condamnait lui-même, afin que Dieu le justifiât. (St. Augustin)
14 : C'est une pensée de St. Augustin, et de St. Bernard après lui.

Sur la Parabole des Vierges
Prière

RÉDEMPTEUR immortel, Époux incomparable,
Qui, par le prix sans prix de ton sang précieux,
Laissant à ton Église un salut admirable,
As quitté notre Terre et regagné les Cieux.

Que jamais du péché le sommeil détestable,
Avec ses noirs pavots, n'assoupisse mes yeux;
Mais qu'en la courte nuit du siècle périssable,
Je veille, en attendant ton retour glorieux.

Que la lampe à la main, comme une vierge sainte,
Brûlant d'un zèle ardent, et d'une foi non feinte,
Vers toi, mon cher Époux, je marche incessamment.

Que t'ayant de mes vœux la constance asservie,
Et gardé de mon cœur la porte uniquement,
Tu m'ouvres dans la mort la porte de la vie.

13: La porte de ton cœur a comme deux battants, la convoitise et la crainte. Ferme-les au Démon, et les ouvre, à Jésus-Christ. (St Augustin)
14: La mort lui fut la porte de la vie. (Épitaphe d'Adrien premier) La porte de la vie t'a été ouverte. (Épitaphe de Berenger). C'est là où demeure l'Epoux céleste, et où sont reçues les vierges chastes et saintes, qui ont conservé leurs lampes ardentes, et leurs habits purs et sans tache. (St. Chrysostôme)

◇ Livre Troisième   Sonnet XVIII

Sur les Miracles de Notre Seigneur

Quel autre, qu'un vrai Dieu pourrait faire à nos yeux,
Ces beaux, ces grands exploits, d'éternelle mémoire ?
Quel autre assujettir l'Eau, la Terre, et les Cieux,
Et des plus fiers démons remporter la victoire ?

Miracles inouïs, actes prodigieux !
Le sourd entend Jésus, l'aveugle voit sa gloire ;
Le malade, le mort, à sa voix, en cent lieux,
Quitte son lit mortel, sort de sa tombe noire.

Hélas ! mon doux Sauveur, regarde mon tourment ;
Dans l'état du péché, je suis fatalement
Sourd, aveugle et malade, et mort dès ma naissance.

Etends sur moi ta main, grand Roi de l'univers !
Et par un seul effet de ta haute puissance,
Tu feras en moi seul ces miracles divers.

2 : Dans les miracles que notre Seigneur, naissant, vivant, mourant, mort et ressuscité, a faits sur la terre, sur l'eau, et dans les trois cieux dont parle l'Ecriture, on peut remarquer diverses manières et diverses gradations, qui en augmentent beaucoup le prix et la merveille. Et même il semble que pour les faire paraître plus admirables, Dieu avait voulu laisser son Eglise neuf cents ans sans miracles, c-à-d, depuis Élisée jusqu'à Jésus-Christ.

LIVRE TROISIÈME   SONNET XIX

Sur la Transfiguration de Notre Seigneur

GRAND Dieu ! suis-je en la Terre, ou suis-je dans les Cieux ?

Mon cœur est transporté d'un plaisir ineffable.
Les saints, vieux et nouveaux, sont présents à mes yeux,
Et j'entends de leurs voix le concert admirable.

Je vois, par millions, les anges glorieux,
Et de leur divin Roi la personne adorable,
Dont la robe éclatante et le front radieux
Effacent du soleil l'éclat incomparable.

L'Esprit Saint sur Jésus me paraît arrêté ;
Le Père dans le Fils montre sa majesté,
Et le Fils est marqué par l'oracle du Père.

Mais si je t'envisage, ô Monarque des Rois !
Sanglant, défiguré, mourant sur le Calvaire,
Je t'admire bien moins au Tabor qu'en la croix !

1 : Cette transfiguration se fit comme entre le Ciel et la Terre, c'est-à-dire, selon l'opinion commune, sur le Tabor, haute et ronde montagne de Galilée. On y remarque des prophètes et des apôtres, des saints du Ciel et de la Terre, la gloire et la joie du Paradis, et la prédication de l'Évangile. Le Père s'y fait entendre ; le Fils y paraît, le Saint Esprit y inspire les deux prophètes, et sans doute les anges y sont présents. C'est une petite image de l'Eglise, et militante et triomphante.

Sur la Pénitence de la Pécheresse

REBELLE créature, enfin tu rends les armes ;
Et rompant du péché les filets et les nœuds,
Tu viens, les yeux changés en deux sources de larmes,
Eteindre de ton cœur les impudiques feux.

De ce cœur criminel les trop justes alarmes,
Aux pieds du Rédempteur te font pousser tes vœux,
Décharger tes soupirs, renoncer à tes charmes,
Et porter tes parfums, ta bouche et tes cheveux.

Tes vœux sont exaucés, illustre pénitente !
L'effet de tes soupirs surpasse ton attente,
Et tu reçois l'arrêt du bonheur éternel.

Grand Dieu ! si de ton Fils je n'ai pas la présence,
Pour m'annoncer ainsi mon pardon solennel,
Fais-m'en par ton Esprit prononcer la sentence.

---

6 : D'autres femmes étaient allées trouver Jésus-Christ pour la guérison du corps. Celle-ci seule le vient trouver pour la guérison de son âme, témoignant par-là qu'elle le regardait, non seulement comme un homme, mais comme un Dieu. (St. Chrysostôme) **8** : Couverte de plaies, elle vint se jeter aux pieds du céleste Médecin, et le Médecin permit à la malade de le toucher, parce qu'il était lui-même son médicament et sa guérison. (St. Augustin)

LIVRE TROISIÈME   SONNET XXI

Sur l'Entrée Royale de Notre Seigneur dans Jérusalem

PEUPLE, des enfers la proie,
Un Sauveur, à cette fois,
Vous affranchit de leurs lois ;
Eclatez en cris de joie.

Qu'en tout l'univers on n'oie
Que l'écho de cette voix :
Béni soit le Roi des rois,
C'est le Ciel qui nous l'envoie.

Couvrons la terre de fleurs ;
Il vient essuyer nos pleurs,
Il vient nous donner la vie,

A ce Monarque vainqueur
Ouvrons, d'une âme ravie,
Ouvrons la porte du cœur,

12 : Un roi d'Israël avertissait sagement un roi de Syrie, de ne pas se glorifier de la victoire avant le combat. Mais ici le Roi des rois est vainqueur, par cela même qu'il va combattre. Aussi dans l'Apocalypse il porte un titre et une couronne de victorieux, lorsqu'il se prépare au combat.   **14** : C'est à cette porte qu'il frappe, lorsqu'il dit à son Église : Ouvre-moi ma sœur, ma grande amie, ma colombe, ma parfaite. (Cantique des cantiques)

*Sur l'Agonie de Notre Seigneur
au Jardin des Oliviers*

MON Sauveur, apprends-moi le sujet de tes peines,
De tes vœux, de tes cris, du torrent de tes pleurs,
De tes sueurs de sang, de tes vives douleurs,
Et du mortel effroi qui se glisse en tes veines.

Je ne vois point ici de croix, de clous, de gênes,
De sergents, de bourreaux, ni de persécuteurs ;
Je n'y vois que respect, qu'amour, que serviteurs,
Et que du doux sommeil les appas et les chaînes.

Du monde et de l'enfer crains-tu les légions ?
Tu peux les anges saints armer par millions,
Et d'autant d'ennemis faire autant de victimes.

C'est toi, répond Jésus, qui causes mon tourment :
La colère du Ciel, que je sens pour tes crimes,
Est le terrible objet de mon étonnement.

3 : A parler généralement, une sueur sanglante peut arriver par de simples causes naturelles, comme la morsure d'un serpent, et la violence de la douleur ; mais cette sueur de Jésus-Christ est si extraordinaire, qu'elle doit passer pour miraculeuse.   **13** : Comme plège des pécheurs. Celui qui n'avait aucun sujet d'être triste et affligé pour soi-même, a voulu l'être pour moi. O Seigneur ! tu es ici dans la douleur, non pour tes plaies, mais pour les miennes. (St. Augustin)

LIVRE TROISIÈME   SONNET XXIII

Sur la Trahison de Judas

Que n'inspires-tu point, avarice damnable,
A l'esclave abruti, dont tu saisis le cœur !
Du perfide Judas l'attentat détestable
Trahit, pour de l'argent, son Roi, son Bienfaiteur.

Juste Dieu ! permets-tu que ton Fils adorable
Souffre la trahison d'un lâche déserteur ;
Soit vendu, soit livré, par ce traître exécrable,
Changé d'un domestique, en un persécuteur ?

Mais avecque raison, dans mon transport extrême,
Doutant et suspendu je balance en moi-même,
Quel sujet mon esprit doit le plus admirer :

Que le Ciel ait permis une action si noire ;
Ou que, l'ayant permise, il en ait su tirer
Le moyen d'élever ses élus à la gloire ?

14 : Le Père a livré son Fils à la mort pour nous ; c'est par sa miséricorde. Le Fils s'est livré lui-même ; c'est par charité. Judas l'a livré ; c'est par méchanceté et par avarice. Judas remporte le salaire de son crime, et le Seigneur reçoit la louange de sa grâce. Car ce n'est pas la trahison de Judas qui nous a sauvés, c'est la toute-puissance de Dieu, dont la sagesse admirable a fait servir un si grand crime au salut de tous les coupables. (St. Augustin et St. Chrysostôme)

Sur la Chute et la Repentance de Saint Pierre

HÉLAS! qui l'eût prévu, ce soudain changement?
Qu'un rocher fût si faible, et qu'au premier orage,
Un apôtre parût un homme sans courage,
Qui trois fois renonçât son Maître lâchement?

Mais pour lui reprocher son perfide serment,
Le vigilant oiseau redouble son langage;
Et Jésus, dans les traits de son divin visage,
Lui fait lire son crime avec étonnement.

Le regard du Seigneur pénétrant dans son âme,
Son triste cœur, percé comme d'un trait de flamme,
Par le canal des yeux fait couler ses douleurs.

O mon Sauveur! dit-il, dans sa juste souffrance,
Pour un crime si noir, c'est peu que de mes pleurs;
Le seul sang de ta croix peut laver mon offense.

2: Allusion au nom de Pierre, et à la jactance de cet apôtre. **6**: Pour symbole de vigilance on met la figure du coq au haut des clochers. **11**: Il n'avait pas pleuré auparavant, parce que Jésus-Christ ne l'avait pas regardé. Il pleure alors, parce que Jésus-Christ le regarde. Ceux que Dieu regarde, pleurent leur péché. (St. Ambroise) Tout le reste de sa vie, dit un Ancien, il pleurait au chant du coq, et se mettant à genoux demandait pardon de sa faute à notre Seigneur.

Sur la Croix de notre Seigneur
Sa Cause

PRODIGE incomparable, étrange conjoncture !
Quoi, le juste, le saint, le puissant Roi des rois,
Est comme un criminel attaché sur le bois !
Et l'on verra mourir le Dieu de la nature !

Hélas ! je suis l'auteur des tourments qu'il endure ;
Pleurez, mes yeux, pleurez à l'aspect de sa croix.
C'est par moi, grand Jésus, que réduit aux abois,
Tu souffres cette mort, si honteuse et si dure.

Oui, pourquoi détester les Juifs et les Romains ?
Je dois chercher en moi tes bourreaux inhumains,
Pour mieux juger du prix de tes bontés divines.

Mes péchés, vrais bourreaux, ont versé tout ton sang,
T'ont fait boire le fiel, t'ont couronné d'épines,
T'ont cloué pieds et mains, et t'ont percé le flanc.

3 : L'usage du supplice de la croix fut aboli par Constantin, parce que Jésus-Christ ayant rendu la croix honorable par sa mort, on estima, dit St. Augustin, que les criminels étaient honorés par ce supplice, quelque infâme qu'il fût auparavant.   **6** : Car mon amour a été crucifié, dit St. Ignace.   **13** : Godefroi de Bouillon, étant élu roi de Jérusalem, refusa d'y prendre une couronne d'or ; parce, disait-il, que son Sauveur y en avait porté une d'épines.

Sur la Croix de notre Seigneur
Ses effets

Qui l'eût jamais pensé ? qui l'eût jamais pu croire ?
L'adorable Jésus, meurtri, percé de clous !
Le Soleil éternel, dans l'ombre la plus noire !
Le propre Fils de Dieu, l'objet de son courroux !

Je vois dans cette mort, d'immortelle mémoire,
L'innocent condamné, le criminel absous ;
La guerre y fait la paix, la honte y fait la gloire,
Et la peine d'un seul est le salut de tous,

Anges saints, adorez ces grandeurs ineffables ;
Et vous, aveugles Juifs, vous, païens détestables,
Cessez votre blasphème insolent et moqueur.

Jésus est le Dieu fort, dans sa faiblesse extrême.
Sa croix est l'ornement et le char d'un vainqueur.
Et sa mort est enfin, la mort de la Mort même.

10 : Les mahométans, non plus que les juifs et les païens, ne pouvant digérer cette croix, prennent comme un tiers parti, en supposant que Jésus-Christ juste et saint échappa à ses bourreaux, et qu'un fantôme fut crucifié en sa place.   **13 :** Jésus-Christ a triomphé dans le trophée de la croix, (Tertullien et St. Cyprien après St. Paul). Il a dompté le monde par le bois, et non par le fer. (St. Augustin)   **14 :** Ce mort a tué la mort, et elle a été plus morte en lui, qu'il n'a été mort en elle. Ta mort, Seigneur, a fait mourir celle des pécheurs (St. Augustin).

Sur la Conversion du Bon Larron

RENONCER à soi-même, à son sens, à ses yeux ;
Voir briller le soleil dans la nuit la plus noire ;
Prendre pour le Sauveur, en qui seul il faut croire,
Le triste compagnon d'un supplice odieux ;

Disciple tout nouveau, surpasser les plus vieux ;
Sous l'horreur d'une croix, chercher le Roi de gloire ;
Dans le supplice même, obtenir la victoire ;
S'envoler tout à coup de l'enfer dans les Cieux ;

Enfin, être changé, métamorphose étrange !
D'un loup en un agneau, d'un démon en un ange !
Ce sont, heureux voleur, les effets de ta foi.

Mais que du Rédempteur la vertu non pareille,
Produise, par sa mort, ces miracles en toi,
C'est de tout ce tableau la plus haute merveille.

8 : Il gagna le salut, comme en abrégé, tout en un jour. (St. Bernard) Cet heureux voleur força le royaume des Cieux. Il alla du fond des vallées de son brigandage au jugement, du jugement au bois, et du bois au Paradis. (St. Augustin)   **13** : Tout son corps était attaché sur le bois. Il ne lui restait que le cœur et la langue libres. Il crut du cœur, et il confessa de la bouche. Mais qui lui donna cette foi, sinon celui qui était pendu à son côté ? (St. Augustin)

Sur les Miracles arrivés
à la Mort de Notre Seigneur

TOUT conspire, Seigneur, à plaindre ton tourment :
L'astre du jour en deuil nous fait voir sa tristesse ;
Le lieu-saint ébranlé, dans cet événement,
En déchirant son voile, exprime sa détresse.

La Terre est dans d'horreur et dans le tremblement ;
Les rochers les plus durs marquent de la tendresse ;
La bande des vieux saints, quittant le monument,
A pleurer ton trépas à l'envi s'intéresse.

Le peuple de Judée, et les soldats romains,
Témoignent leurs regrets, de la bouche et des mains,
Et sentent dans leurs cœurs de ta croix la puissance.

Enfin, tout l'univers est touché de ton sort ;
Et moi, dont les péchés ont causé ta souffrance,
Hélas ! serai-je seul insensible à ta mort ?

2 : Par une éclipse surnaturelle, car elle arriva dans la pleine lune, au lieu que le soleil ne souffre jamais d'éclipse qu'en la nouvelle Lune. Aussi cette éclipse fut-elle marqué, comme un prodige, dans les archives des païens, au rapport de Tertullien ; on dit que Denis, Philosophe d'Athènes, s'écria en la voyant, ou que la nature allait périr, où que le Dieu de la nature souffrait alors. Jésus-Christ est le seul homme dont la naissance et la mort aient été honorées par des miracles.

Sur la Sépulture de Notre Seigneur

ÉTRANGE abaissement ! incroyable aventure !
L'Immortel est couché dans l'affreux monument
Le Roi, dont la grandeur remplit le firmament,
Est esclave et captif dans une grotte obscure.

Quoi, lui, qui de son souffle entretient la nature,
Lui, qui donne aux humains l'être et le mouvement,
Est donc privé de voix, de pouls, de sentiment,
Dans le séjour des morts, et de la pourriture !

Mais regarde, chrétien, dans ce même tombeau,
Du Prince de la vie un triomphe nouveau ;
Vois-y briller les traits de sa gloire immortelle.

Pour ton salut, il veut, par un dernier effort,
Dans le retranchement de cette citadelle,
Envisager, combattre, et terrasser la mort.

4 : C'était le sépulcre de Joseph d'Arimathée. Le vainqueur de la mort, (dit St. Ambroise) n'eut point de sépulcre en propre ; lui de qui le siège est dans le ciel, et qui ne devait dormir que trois jours dans le tombeau. Il fut mis dans un sépulcre étranger, (dit St. Augustin) parce qu'il mourait pour le salut d'autrui. Pourquoi un sépulcre en propre, à celui de qui la mort n'était pas une mort en propre ? **14** : St. Grégoire de Naziance nomme le sépulcre de Jésus-Christ, un sépulcre qui apporte la vie.

Livre Troisième   Sonnet XXX

Sur le Voyage de Marie-Magdeleine au Sépulcre de Notre Seigneur

Où t'emporte ton zèle, aveugle Madeleine ?
L'excès de ton amour a-t-il fermé tes yeux ?
Laisse de ton projet les soins injurieux :
Ton travail est sans fruit, ta prévoyance est vaine.

Tu perds également ta dépense et ta peine ;
Garde, garde pour toi tes parfums précieux ;
Et viens plutôt, d'un pas saintement curieux,
Admirer du Sauveur la vertu souveraine.

Quoi, tu crains que le corps du Roi de l'univers
Souffre la pourriture, et soit rongé des vers !
Songe à sa pureté ; songe à son origine.

Jésus, le Saint de Dieu, bannissant ton erreur,
Parfume le tombeau de son odeur divine ;
Et lorsqu'il y descend, il en ôte l'horreur.

11 : Le corps de Jésus-Christ, qui n'avait jamais senti la corruption du péché, ne sentit point la corruption du tombeau, pendant quelque trente-six heures qu'il y demeura ; soit que cela se fît par la rencontre de diverses causes naturelles, dispensées par la sagesse de Dieu ; soit que la vertu de Dieu y intervînt miraculeusement, et pour accomplir les prophéties, parce que c'était le corps du Saint de Dieu.   **14** : Ainsi le tombeau n'est plus pour nous qu'un cimetière, c'est-à-dire, un dortoir.

Sur la Résurrection de Notre Seigneur
Sa Pompe

L E voici, le grand Roi, le Sauveur glorieux,
Le Soleil de justice en sa course nouvelle,
Le tout-puissant Jésus, qui sort victorieux
Du ténébreux cachot de la grotte mortelle.

Les Anges, descendus de la voûte des Cieux,
Pour-assurer ma foi, pour embraser mon zèle,
Viennent, pleins d'allégresse en habits radieux,
Honorer du Seigneur la pompe solennelle.

La Terre en est émue, et l'astre aux blonds cheveux
Sort de l'onde à grand'hâte, et prend de nouveaux feux,
Au lever du Soleil dont il est la peinture.

Ouvrez-vous, tous mes sens ! voyez ici, mon cœur !
L'intérêt de Jésus y porte la nature,
Mais c'est pour mon salut que Jésus est vainqueur.

2: Entre les païens, le premier jour de la semaine était appelé le jour du soleil. Nous pouvons encore le nommer ainsi, en l'honneur de la Résurrection du Seigneur, qui est le Créateur du soleil, et le Soleil de la Grâce. **6**: C'est peu de chose, de croire que Jésus-Christ est mort ; les infidèles le croient comme nous. Mais la résurrection du Seigneur est proprement la foi des chrétiens. (St. Augustin)   **8**: Ils l'ont servi par dix fois, depuis sa conception jusqu'à son ascension.

Sur la Résurrection de Notre Seigneur
Ses Effets

EN VAIN, grotte funèbre où mon Sauveur sommeille,
Tu prétends pour toujours l'enfermer dans ton fort :
Ce mystique Samson à minuit se réveille,
Et brise, à son réveil, les portes de la mort.

Son agréable voix vient frapper mon oreille ;
Il parle dans sa grotte, au moment qu'il en sort ;
Il m'apprend de sa croix la vertu sans pareille,
Et, par ses doux accents, il assure mon sort.

A vous, chrétiens, dit-il, appartient ma victoire ;
Ma victoire est pour vous le gage de la gloire ;
Et mes sanglants combats vous ont acquis la paix.

J'ai terrassé la mort, vivez en assurance,
J'ai satisfait pour vous, voyez-en les effets :
En sortant du tombeau, j'en montre la quittance.

3 : Allusion à l'histoire de Samson renfermé dans la Ville de Gaza. Aussi quelques Anciens, prenant cela pour une figure de la résurrection de Notre Seigneur, ont estimé qu'il était ressuscité à minuit. D'autres, comme St. Cyprien, disent au moins avant le lever de l'aurore. L'Ecriture n'en marque pas le moment précis.   **4** : Il a brisé les portes de diamant et les serrures d'airain des enfers. (Tertullien)   **6** : Jésus-Christ seul, de tous les ressuscités, parle dans l'Ecriture Sainte.

◇ LIVRE TROISIÈME SONNET XXXIII

Sur l'Ascension de Notre Seigneur

MERVEILLE sur merveille, et grandeur sur grandeur,
Incomparable Jour! Allégresse publique!
Où l'auguste Jésus, sur un char magnifique,
Fait briller dans les airs sa plus vive splendeur.

Que, tout ce que le Ciel contient dans sa rondeur,
Que la bande des saints, que la troupe angélique
Accoure à ce spectacle, et tonnant un cantique,
Témoigne au puissant Roi son zèle et son ardeur.

Haussez-vous, grands portails d'éternelle structure;
Et sur vos riches fronts, dans cette conjoncture,
Exprimez votre joie aux yeux de l'univers.

Le Dieu qui vous a faits, le monarque de gloire,
Sur la Terre a vaincu, par cent combats divers;
Et son triomphe, au Ciel, doit suivre sa victoire.

3: Le corps glorieux du Seigneur n'avait pas besoin d'une nuée pour le porter dans le Ciel. Mais ce char lui fut donné pour la magnificence du triomphe, puisque c'est le char de Dieu même, comme il paraît dans les Psaumes. La créature, dit un Ancien, rend partout obéissance à Jésus-Christ, son Créateur. Les astres marquent sa naissance, et ils se couvrent dans sa Passion. Les nuées le portent au Ciel, et elles l'accompagneront lorsqu'il reviendra pour juger le monde.

Sur l'Ascension de Notre Seigneur
Prosopopée des Apôtres

Pourquoi nous arrêter si longtemps en ces lieux,
Nous, que du Roi des rois le prompt départ étonne ?
Jésus, qui dans la nue, en s'élevant, rayonne,
Va triompher, pour nous, dans le plus haut des Cieux.

Contemplons, admirons son char victorieux !
Quel nombre de captifs le presse et l'environne !
Et combien de fleurons composent la couronne,
Qui brille sur le front de ce roi glorieux !

Notre cœur vole à toi, plus haut que les étoiles,
Et du vaste lambris perce, avec toi, les voiles,
Pour te suivre, ô grand Roi ! dans ce pompeux séjour.

Tu t'en vas, Fils de Dieu, nous y préparer place ;
Mais hâte l'heureux temps d'y contempler ta face :
Vivre éloigné de toi, c'est mourir chaque jour.

6 : Les démons, le péché, et la mort, qui dominaient dans le monde. (St. Chrysostôme) **9** : Notre ascension au Ciel ne se fait pas maintenant par les pieds du corps, mais par les affections du cœur. Le corps de Jésus-Christ est enlevé de devant vos yeux, mais sa divinité n'est point séparée de vos cœurs. Voyez-le monter, croyez en lui absent, espérez son retour ; mais aussi sentez-le présent pour une secrète miséricorde. (St. Augustin) **10** : Allusion au voile du temple, qui empêchait la vue du sanctuaire.

LIVRE TROISIÈME   SONNET XXXV

Sur la Pentecôte Chrétienne
Prosopopée des Témoins

Qu'aperçoivent nos yeux ? qu'entendent nos oreilles ?
Quel est ce vent qui souffle impétueusement ?
Quels sont ces douze éclats du plus haut élément ?
Veilles-tu, mon esprit ? Peut-être tu sommeilles ?

Nous voyons, nous oyons, des choses sans pareilles,
Des gens vils et grossiers, docteurs en un moment,
Des mystères de Dieu parlent divinement,
Et vont à chaque peuple annoncer ses merveilles.

O Juifs, Parthes, Persans, Grecs, Arabes, Romains !
Recevez le salut que Dieu donne aux humains ;
Ce Vent vous poussera dans le port de la gloire ;

Ce Feu, perçant vos cœurs, désillera vos yeux ;
Et ces docteurs enfin, si vous les voulez croire,
Vous prendront par la main, pour vous conduire aux Cieux.

3 : Ce sont les douze langues de feu qui descendirent alors sur les apôtres, et qui étaient les symboles éclatants des dons miraculeux du Saint-Esprit.   **8** : La tête, c'est-à-dire, Jésus-Christ, est au Ciel, dit St. Augustin ; les pieds sont en la Terre. Quels sont les pieds du Seigneur en la Terre ? Ce sont les apôtres, qui ont été envoyés par tout le monde. Ce sont les évangélistes, par lesquels le Seigneur visite toutes les nations. Il est venu par ses prédicateurs, et il a rempli tout l'univers.

Sur la Pentecôte Chrétienne
Apostrophe au Saint Esprit

ESPRIT Saint, dont le souffle a formé l'univers,
Par ton souffle, aujourd'hui, toutes choses tu changes :
La Terre est faite un Ciel, les hommes sont des anges,
Pour porter ta lumière en cent climats divers.

Les hérauts de Jésus, en moins de trente hivers,
Rendront le monde entier l'écho de ses louanges ;
Douze Langues de feu, par des exploits étranges,
Mettront du fier démon la puissance à l'envers.

O souffle tout-puissant ! dont la divine flamme
Guérit, par sa vertu, l'aveuglement de l'âme,
Et jusqu'au monument fait sentir son effort.

L'erreur et le péché mon âme ont asservie ;
Et mon cœur est transi des horreurs de la mort.
Que ton feu soit, pour moi, la lumière et la vie.

3 : Les apôtres ont été faits les cieux, qui publient la gloire de Dieu. (St Augustin) La grâce du St. Esprit ayant été abondamment répandue le jour de la Pentecôte, elle change tout le monde en ciel. (St. Chrysostôme) Et si de la boue Dieu a fait un homme, ne pourra-t-il pas d'un homme faire un ange ? (St. Augustin)   **9 :** Les apôtres, étant enflammés de ce feu céleste, commencèrent à aller par le monde, et embrasèrent leurs ennemis tout-à-l'entour. (St. Augustin)

Sur le Martyre d'Etienne

Qu'il sorte de sa tombe, et qu'il se montre à nous,
Ce premier des martyrs, qui d'un cœur invincible,
Couvert du bouclier d'une force invisible,
Soutint l'assaut mortel d'une grêle de coups!

Loin d'exciter nos pleurs, son sort nous rend jaloux.
Voyez ce saint athlète, aux douleurs insensible,
Et vainqueur, au plus fort d'un combat si terrible,
S'endormir doucement sur un lit de cailloux.

Son nom, dès le berceau, lui promit la couronne ;
Et Dieu, qui dans la gloire aujourd'hui la lui donne.
Lui fait voir sur la Terre un prix si glorieux.

Prêt d'entrer dans le Ciel, ô paradoxe étrange !
Il semble que le Ciel soit entré dans ses yeux ;
Et qu'Etienne mortel, en mourant, soit un ange.

4 : L'Ecriture sainte lapide les hérétiques. (St. Athanase) Comme donc les paroles de St. Etienne avaient lapidé les Juifs, les pierres des Juifs le lapidèrent à leur tour (St. Augustin).   **9** : Le nom d'Etienne signifie une *couronne*.   **13** : Il fut seul des vivants sur la Terre associé avec St. Paul, son cousin, comme on l'estime, au privilège d'avoir vu Jésus-Christ dans la gloire de son Ciel.   **14** : Il était revêtu de la gloire et de la dignité des anges. (Tertullien)

Sur la Conversion de Saint Paul

GRAND berger d'Israël, que ta haute puissance
Arrête les efforts de ce loup furieux ;
De ce Saul, qui poursuit tes troupeaux précieux,
Altéré de leur sang, armé de violence.

C'en est fait : tu parais en ta magnificence,
Suspendu dans les airs, terrible, radieux,
La foudre dans la bouche, et l'éclair dans les yeux,
Pour terrasser sa fière et barbare insolence

Ta lumière et ta voix ont pénétré son cœur ;
Et l'ennemi se voit, aux pieds de son Vainqueur,
S'écrier tout tremblant : Que veux-tu que je fasse ?

Enfin dans un moment, ô puissant Rédempteur !
Tu fais, d'un loup cruel, un agneau de ta grâce.
Et cet agneau sera des agneaux le pasteur.

3 : Premièrement Saul, fier, superbe et élevé ; et puis Paul, humble, obéissant et soumis. Saul par sa malice, Paul par la grâce de Dieu. (St. Augustin)   **9 :** Une flèche fut tirée du Ciel et l'ennemi de Jésus-Christ tomba par terre, frappé au cœur. (St. Augustin)   **14 :** Au matin, un loup ravissant la proie ; au soir, un pasteur donnant la nourriture. On tient qu'il avait alors trente-trois ans. (St. Augustin)

Sur la Prison et la Délivrance de Saint Pierre

Du prisonnier Céphas voyez la fermeté !
Cent personnes, en lui, plus que lui prisonnières,
Redoutent du tyran les forces meurtrières ;
Lui seul, dans ce péril, repose en sûreté.

Pierre, réveille-toi ; l'ange est à ton côté ;
De tes gardes veillants il ferme les paupières,
De ton cachot affreux il ouvre les barrières,
Et fait tomber les fers de ta captivité.

Du captif délivré l'incertaine pensée,
Dans cet heureux moment, se trouve balancée,
S'il n'est libre qu'en songe, ou libre en vérité.

Reviens à toi, grand saint ; béni ta délivrance ;
La main du Tout-puissant te met en liberté,
Pour ranger l'univers à son obéissance.

1 : Céphas en Syriaque est le nom de Pierre, ici vrai rocher par sa fermeté.   3 : C'était Hérode Agrippa. Il avait déjà fait trancher la tête à St. Jaques le Majeur, fils de Zébédée, et il vouloir faire mourir St. Pierre le lendemain.   12 : Dieu délivre ici Pierre, et il ne le délivra pas dans son martyre. Est-ce qu'en ce temps-là Pierre n'était plus saint ? Non : mais c'est qu'alors Dieu voulut le délivrer de tous ses maux. (St. Augustin)

Sur la Mort d'Hérode Agrippa

VOYEZ ce Roi superbe, en sa magnificence.
Il brille sur un trône, au milieu des flatteurs ;
Ses sujets, étonnés, sont les adorateurs
Des charmes surprenants de sa rare éloquence.

Ce n'est pas un mortel, dit leur folle insolence ;
D'une céleste voix nous sommes auditeurs,
Et d'un visible dieu les heureux spectateurs ;
O Majesté divine ! ô suprême Puissance !

Mais un ange renverse et l'idole, et l'autel.
Et tout à coup ce dieu, faible, infirme, et mortel,
Est rongé par les vers, et par la pourriture.

Vous qui, le sceptre en main, régnez dans l'univers,
Pourrez-vous échapper aux lois de la nature,
Si, vivants, vous pouvez être mangés des vers ?

1 : Il était fils d'Aristobule, et petit-fils du grand Hérode. C'est lui à qui Caligula donna une chaîne d'or, du même poids qu'était sa chaîne de fer sous Tibère. **2** : Haranguant le peuple de Césarée dans une robe toute d'argent, d'une tissure sans pareille, et qui étant frappée des rayons du soleil, jetait un éclat céleste. **10** : Hélas ! s'écria-t-il alors, que votre mensonge est sensible ! Moi, que vous venez de nommer dieu, je reçois l'ordre de mourir incontinent. (Josèphe)

LIVRE TROISIÈME   SONNET XLI

Sur le Voyage de Saint Paul à Rome

TES fers sont moins pesants, qu'ils ne sont salutaires,
Illustre prisonnier; c'est par eux que tu dois
Arborer en tous lieux l'étendard de la croix,
Malgré tous les efforts des puissances contraires.

La mer, les vents, les flots, les écueils, les vipères,
Les hommes, les démons, les peuples, et les rois,
Unis pour arrêter les progrès de ta voix,
Paraîtront, contre toi, de faibles adversaires.

Marche, intrépide Paul; affronte les hasards;
Gagne à ton Rédempteur le palais des Césars;
Et jusqu'aux bords du Tibre avance ta victoire.

Là, couvert de lauriers, et vainqueur des faux dieux,
Un char sanglant te porte au temple de la gloire,
Et la main du bourreau te fait voler aux Cieux.

4: St. Jérôme dit que St. Paul, prisonnier à Rome, trouva moyen de faire une Église de Jésus-Christ dans le palais même de son persécuteur, et St. Chrysostôme assure que ce grand apôtre convertit même une des maîtresses de l'empereur.   **14**: Allusion à ce qu'on dit, que la tête de St. Paul lorsqu'il fut décapité, fit trois bonds en l'air, comme pour marquer que son âme s'envolait au troisième Ciel. On tient qu'il était alors âgé de soixante-huit ans.

Livre Quatrième
Sur Diverses Grâces et Divers États

Sur l'Église

SAINTE fille de Dieu, qui n'as, pour ta défense,
Que le feu de ton cœur, et que l'eau de tes yeux ;
Satan t'a fait la guerre au point de ta naissance,
Et te la fait encore aux âges les plus vieux.

Il trouble ton repos, de toute sa puissance ;
Et ce fier ennemi, de ta gloire envieux,
Tantôt flatte tes sens d'une belle apparence,
Et tantôt fond sur toi, comme un loup furieux.

Mais en vain, pour te perdre, il se sert de ses armes ;
En vain, pour te séduire, il emprunte des charmes.
Ta foi fait repousser et ses biens et ses maux.

Jésus combat pour toi, te promet la victoire ;
Et t'assurant du prix, au plus fort des assauts,
Par un chemin de sang te conduit à la gloire.

4 : L'Eglise est maintenant combattue dans sa vieillesse, mais qu'elle ne craigne point. Elle a été combattue dès sa jeunesse. Mais cela l'a-t-il empêchée de parvenir à la vieillesse ? Cela a-t-il été capable de la détruire ? (St. Augustin)　**7** : La persécution du Démon, ou comme serpent, ou comme lion, ne cesse jamais en l'Eglise. Mais il est plus à craindre lorsqu'il séduit, que lorsqu'il est en fureur. (St. Augustin)　**12** : Le Seigneur lui même lutte et combat en nos personnes. (St. Cyprien)

Sur la Parole de Dieu

QUI peut assez louer, ô grand Dieu! ta Parole?
C'est un glaive tranchant, un trésor précieux;
Un son qui retentit de l'un à l'autre pôle;
Un miroir de ta face, un rayon de tes yeux.

C'est de ta vérité l'admirable symbole;
C'est le lait des enfants, c'est le vin des plus vieux,
C'est aux pauvres mortels le phare et la boussole,
Qui conduit sûrement leur vaisseau vers les Cieux.

C'est la douce rosée, et la riche semence,
Qui fait germer la foi, qui produit l'espérance;
Et qui nous fait revivre, au milieu du trépas.

Ainsi, malgré l'enfer, et malgré son envie,
Ni vivant, ni mourant, je ne périrai pas;
Puisque j'ai dans mon cœur ce principe de vie.

1: On dit qu'un peintre fameux dans l'antiquité, voulant peindre une beauté céleste, emprunta pour ce dessein les traits et les grâces de plusieurs objets de la Terre. L'Ecriture Sainte en use de la sorte à l'égard des sujets divins. Ici l'on emprunte de même diverses images et diverses idées, pour représenter les perfections et les propriétés diverses de la Parole de Dieu. **6**: Le vin est le lait des vieillards, disent les rabbins.

Sur les Sacrements

BÉNI ton Dieu, mon âme, admire sa clémence.
Vois comme il te soulage en ton infirmité ;
Vois comme il veut forcer ton incrédulité,
Et par tes propres sens bannir ta défiance.

Chrétien, que manque-t-il à ta pleine assurance ?
Il parle, il te promet, ce Dieu de vérité.
Il jure par son nom, par son éternité ;
Enfin il met des sceaux à sa sainte alliance.

Hé bien ! Seigneur, je crois ; je sens ton bras vainqueur,
Qui, présentant ta grâce aux portes de mon cœur,
Apprend à tous mes sens ta bonté sans pareille.

Tous mes sens donc ici viennent aider ma foi ;
L'œil, le goût, l'odorat, le toucher, et l'oreille,
Me disent, qu'en effet Jésus est tout à moi.

4 : Les sacrements sont des paroles visibles. (St. Augustin) Si nous n'avions point de corps, il n'y aurait rien de corporel dans les dons que Dieu nous fait. Mais parce que notre âme est jointe à un corps, il nous communique des dons spirituels sous des choses sensibles et corporelles. (St. Chrysostôme)   10 : Les sacrements sont les portes de la fille de Sion. Leur vertu est ineffable ; et la piété ne peut être achevée sans elle. (St. Augustin)

Sur la Vérité

Du haut du Ciel, Dieu t'envoie en ce bas élément.
Ton âme est son Esprit, ton corps est sa Parole ;
De sa fidélité tu fais ton aliment ;
Sa lumière est ta robe, et sa gloire est ton pôle.

Un seul trait de tes yeux perce l'aveuglement ;
L'erreur, à ton aspect, interdite, s'envole ;
Ta main, brisant nos fers, nous porte au firmament ;
Et, contre ton pouvoir, tout effort est frivole.

Sans armes que la voix, tes enfants, en cent lieux,
N'ont-ils pas renversé les temples des faux dieux,
Et du vaste univers changé la face entière ?

L'enfer menace en vain ceux qui suivent tes pas.
Sans crainte ils fourniront leur pénible carrière,
Certains de la couronne, aux portes du trépas.

6 : La vérité des chrétiens est, sans comparaison, plus belle que n'était l'Hélène, des grecs. (St. Augustin) Aussi, ne rougit-elle de honte que d'être cachée. (Tertullien)   **8** : O combien est grande la force de la vérité, puisqu'elle se défend par elle-même contre toute l'éloquence, la finesse, et les pièges des hommes, et que ni machines, ni esprit, ni artifice, n'ont jamais été capables de la détruire ! (Cicéron)   **13** : Aide-moi, Seigneur, afin que je combatte pour la Vérité jusqu'à la mort. (St Augustin)

◇ LIVRE QUATRIÈME   SONNET V

Sur l'Erreur

Monstre composé de chimères,
Dont la sotte crédulité,
L'artifice et la cruauté,
Sont les compagnes ordinaires.

Tyran, qui sur tes tributaires
Domines dans l'obscurité ;
Et dans un palais enchanté,
Ne les nourris que de vipères.

Antipode de la raison ;
Songe noir, fatale prison ;
De nos pères triste héritage ;

Artisan de feux et de fers ;
Tu promets le Ciel en partage,
Et tu nous ouvres les enfers.

1 : Allusion au monstre fabuleux, nommé chimère par les anciens poètes. Car les erreurs sont des mensonges, et le mensonge est ce qui n'est pas. (St. Augustin)   2 : Caton s'étonnait qu'un devin pût regarder un autre devin sans rire.   8 : Les hérétiques ne nourrissent pas de lait leurs enfants, mais ils les tuent par leurs poisons ; car le mensonge tue l'âme. (St. Augustin) C'est pourquoi, dans l'Apocalypse, il est parlé du vin empoisonné de l'idolâtrie de Babylone.

Sur la Vertu

O FILLE, d'origine et céleste et royale ;
Sœur de la Vérité, gloire du firmament ;
Amour des séraphins, objet noble et charmant ;
Incorruptible vierge, en beauté sans égale !

Au prix de ton éclat, la perle orientale
Me paraît sans blancheur, sans prix, sans ornement ;
Et l'odeur de ton riche et pompeux vêtement,
Surpasse les parfums que l'Inde nous étale !

Mais, la lampe à la main, je te cherche en plein jour.
Dis-moi, quel doux climat tu prends pour ton séjour,
A l'abri des tyrans qui t'ont juré la guerre ?

En vain me cherches-tu dans ces indignes lieux,
Chrétien, tu ne peux voir que mon ombre en la Terre ;
Mon corps, depuis longtemps, a regagné les Cieux.

3 : La vertu et la vérité sont comme deux sœurs engendrées de Dieu, et dont l'excellence et la beauté sont admirables. (Vivès) Platon disait, que si l'on pouvait voir des yeux du corps la beauté de la vertu, on en serait éperdument amoureux. O vierge, lui chante un Ancien, ta beauté rend la mort aimable.   **9** : Allusion à Diogène, lorsqu'il cherchait un homme en plein midi.   **14** : Allusion à l'Astrée des païens, revolant dans le Ciel, à cause de la malice des hommes.

Sur les trois principales Vertus Chrétiennes

TROIS sœurs, filles du Ciel, les véritables grâces,
Se tenant par la main forment un noble chœur ;
Et de l'élu de Dieu commençant le bonheur,
Viennent prendre chez lui les trois premières places.

Toutes trois avec lui partagent ses disgrâces ;
L'une, en tous ses combats, le rend plus que vainqueur ;
L'autre bannit la crainte et l'effroi de son cœur ;
Et l'autre avec ses feux en fait fondre les glaces.

Toutes trois dans leurs yeux portent les mêmes traits ;
Toutes trois font toujours d'admirables effets.
Veux-tu pourtant savoir quelle est leur différence ?

Des deux premières sœurs, dans un heureux moment,
L'une est changée en vue, et l'autre en jouissance ;
Mais la plus jeune sœur dure éternellement.

1 : La foi, l'espérance et la charité, opposées aux trois fabuleuses grâces des païens.   **2** : *Chœur*, ainsi écrit, est un mot grec, qui signifie proprement une bande de chantres, ou de danseurs. L'ancienne Eglise appropria ce nom à la troupe des chantres sacrés. Mais par figure, ce mot s'applique à des sujets spirituels. Ainsi, selon St. Augustin, le chœur signifie le concert, l'union et la concorde. Et Cicéron parle du chœur, c'est-à-dire de l'assemblage et du corps des vertus.

Sur le Vice

N'ARRÊTE plus tes sens à ce visage aimable,
Qui captive ton cœur, en séduisant tes yeux ;
Lève, sans différer, ce masque spécieux :
Tu verras des enfers l'image épouvantable.

Oui, ce Vice riant est le monstre exécrable,
Qui fait l'horreur des saints, et la haine des Cieux.
C'est un serpent funeste, un tyran odieux,
Et de ton Rédempteur le bourreau détestable.

O traître, ô parricide, ô peste dans mon sein,
Je connais aujourd'hui ton tragique dessein,
Et les sanglants effets que produisent tes crimes.

Tu conduis, par la joie, au séjour des douleurs ;
Et tes lâches enfants ne sont que des victimes,
Qu'au chemin du trépas tu couronnes de fleurs.

1 : Satan cache le trait de la mort dans un carquois doré. (St. Augustin)
5 : On peut dire que le péché est la chimère de la fable, c-à-d un monstre qui a la tête d'un lion, le ventre d'une chèvre, et la queue d'un serpent, et qui jette du feu par les narines. **13** : Ainsi dans Minutius Félix les infidèles sont qualifiés de bêtes que l'on engraisse pour le sacrifice, et de victimes que l'on couronne avant que de les immoler.

◇ Livre Quatrième   Sonnet IX

Sur la Guerre

Fureur, pillage, sang, campagnes désolées,
Deuil, solitude, effroi, plaintes, larmes, douleurs,
Villages embrasés, villes démantelées,
Faites de mon tableau les traits et les couleurs.

Inviolables lois, lâchement violées,
Par votre indigne sort exprimez nos malheurs.
Et vous, douces vertus, tristement exilées,
Écrivez nos combats de l'encre de vos pleurs.

Dans nos maux, juste Dieu ! tu montres ta justice :
De nos propres desseins tu fais notre supplice ;
Et par nos propres mains tu te venges de nous.

Nos péchés contre nous ont armé ta puissance.
Mais que, sur une croix, ton Fils, percé de coups,
Éteigne par son sang le feu de ta vengeance.

1 : Les Anciens figuraient tout cela par leur Bellone et leur Discorde, avec leurs larmes, leur sang, leurs yeux renversés, leurs serpents, leurs mains crochues, leurs pieds tortus, leurs lambeaux, leurs ténèbres, leurs torches, leurs trompettes, leurs fouets, leurs épées. Et Marius disait, que le bruit de la guerre l'empêchait d'entendre la voix des lois. Cependant tous les dieux des Lacédémoniens étaient armés.

Sur la Paix

REVENEZ, belle vierge, et montrez vos beaux yeux :
Assez, et trop longtemps, a duré votre absence ;
Ramenez avec vous la joie et l'abondance,
Que le démon du trouble exila de ces lieux.

Rendez à nos climats les largesses des Cieux ;
L'espoir au laboureur, aux cités l'opulence ;
Le commerce au marchand, à nos lois la puissance.
Rendez l'Église heureuse, et l'État glorieux.

L'orphelin désolé, tremblant au bruit des armes,
Et la veuve à nos pieds, les yeux baignés de larmes,
Pour toucher votre cœur, embrassent vos genoux.

Nos péchés éclatants à nos vœux sont contraires,
Mais le sang du Sauveur intercède pour nous ;
Lisez-en sur la croix les vivants caractères.

1 : Les Anciens disaient que la paix était fille de Thémis, c'est-à-dire de la Justice. Ils la peignaient comme une belle fille, qui tenait dans son sein des pommes, et le dieu des richesses ; et dans ses mains des épis, des roses, des lauriers, et des branches, pour symboles d'abondance, de plaisir, de victoire et de repos. Et le nom de paix, parmi les Hébreux, exprime toute sorte de biens et de prospérité.   **12** : Aime la Justice, autrement la Paix, son intime amie, ne viendra point à toi. (St. Augustin)

Sur la Paix de Dieu

Que contre mon bonheur tout l'univers conspire ;
Que la Terre et l'Enfer, détruisant mon repos,
Me livrent, à l'envi les plus cruels assauts,
Que la ruse conseille, et que la rage inspire.

Qu'au milieu des ennuis, ma triste âme soupire ;
Que mon fragile corps éprouve mille maux ;
Et que la mort, enfin, m'abatte de sa faux ;
Rien ne peut me priver de la gloire où j'aspire.

Pour cent crimes affreux, je tremble sous la loi.
Mais la paix de mon Dieu dissipe cet effroi,
Et dans tous mes combats m'assure et m'accompagne.

Oui, si pour mon salut, mon puissant Rédempteur
L'écrivit autrefois sur la sainte montagne,
Son Esprit, tous les jours, la grave dans mon cœur.

---

13 : Par l'effusion de son sang. Opposition à la condamnation écrite sur la montagne de Sinaï. Ici la sainte montagne est le Calvaire, ou Golgotha, ainsi nommé en Syriaque, parce que l'on y exécutait les criminels. Mais d'un lieu infâme il fut rendu un lieu saint, par la mort et passion du Sauveur. L'empereur Adrien le profana, en y élevant l'idole de marbre de Vénus : ce qui dura jusqu'au temps de Constantin, qui donna ordre d'y bâtir un magnifique temple.

Sur la Prière

C'EST toi qui peux sans crainte approcher de l'Époux,
Sainte voix de nos cœurs, tu portes, sur tes ailes,
Les plaintes, les désirs, les larmes des fidèles.
Tu présentes nos vœux, et tu parles pour nous.

Organe de Salut, si puissant et si doux,
Tu rapportes des Cieux les faveurs éternelles ;
Et quand Dieu veut punir nos têtes criminelles,
Tu désarmes son bras, tu détournes ses coups.

Ne t'arrête donc point, admirable courrière !
Gagne d'un vol ardent la suprême lumière ;
Demande, obtiens pour moi, la grâce de mon Dieu.

Mais quand viendra le temps, que les bras des saints anges
Me porteront moi-même en cet auguste lieu,
Pour y voir tous mes vœux transformés en louanges ?

1 : Que la prière monte, la bénédiction descendra. L'oraison est une fidèle messagère, qui pénètre où la chair ne peut aller. (St. Augustin) Notre langue est comme une main, qui va jusqu'au trône de Dieu. (St. Chrysostôme) Mais si tu veux que ton oraison vole à Dieu, fais-lui deux ailes, le jeûne et l'aumône. (St. Augustin)   **14** : Dans notre patrie, le gémissement finira, la prière cessera, la louange succédera. Il n'y aura plus qu'un Alléluia perpétuel, au concert des anges. (St. Augustin)

Prière pour le Matin

Je te bénis, Seigneur, en ouvrant la paupière.
Fais moi, dès le matin, ressentir ta bonté,
Fléchi, par ton Esprit, ma dure volonté ;
Et verse dans mon cœur ta divine lumière.

Qu'au milieu des dangers de ma triste carrière,
Soutenu par ta main, je marche en sûreté.
Et qu'enfin, par ta grâce, et par ta vérité,
J'arrive en ton repos, à mon heure dernière.

Je suis, à ta justice, un objet odieux ;
Mais, mon Dieu ! lave moi dans le sang précieux,
Que pour moi ton saint Fils versa sur le Calvaire.

Que sans craindre la mort, ni son noir appareil,
J'entre, au sortir du jour qui luit sur l'hémisphère,
Dans le jour où les saints n'ont que toi pour Soleil.

3 : Fais, Seigneur, en moi ce que tu commandes, et commandes alors ce que tu voudras. (St. Augustin) Et Jérémie : Convertis-moi, et je serai converti.   **8** : Tous les hommes cherchent le repos. Le repos est bon, mais il ne faut pas le chercher en cette vie, il n'est trouvé que dans le Ciel. (St. Augustin)   **14** : L'éternité n'est qu'un jour sans fin. Méprisons les milliers de jours, et désirons ce jour éternel, qui n'a ni matin ni soir. (St. Augustin)

Prière pour le Soir

SEIGNEUR, pour le travail, tes bontés paternelles
Font régner la lumière au terrestre séjour;
Et par tes sages lois, la nuit vient, à son tour
Apporter le repos sous l'ombre de ses ailes.

Mais si le noir sommeil doit couvrir mes prunelles,
Ouvre sur moi, mon Dieu! les yeux de ton amour;
Dissipe mes péchés; sois mon Astre et mon Jour;
Et que tes anges saints soient mes gardes fidèles.

Le jour, incessamment englouti par la nuit,
De la fin de ma vie incessamment m'instruit,
Et je dois, nuit et jour, saintement m'y résoudre.

Fais que pour moi la mort ne soit qu'un doux sommeil,
Où, l'âme entre tes bras, et le corps dans la poudre,
De l'éternel matin j'attende le réveil.

5: Le sommeil est un état moyen entre la vie et la mort. (Aristote)
7: Par le péché nous sommes ténèbres, ces ténèbres du péché font dans notre âme une nuit, qui nous empêche de voir Dieu, dit St. Augustin.
12: Les païens nomment le sommeil, le frère de la mort. Et les anciens chrétiens qualifient la mort, le sommeil de la paix en Dieu et en son Christ.
14: La mort est la nuit, et la résurrection sera le matin. (St. Augustin)

Prière du Voyageur

Mon puissant Protecteur, pendant tout mon voyage,
Conduis-moi par ta grâce, ouvre sur moi tes yeux ;
Fais tenir près de moi tes anges glorieux ;
Et de tous accidents garantis mon passage.

La course de ma vie est un pèlerinage,
Et je suis étranger en ces terrestres lieux.
Fais, Seigneur, qu'y vivant en citoyen des Cieux,
Je marche incessamment vers ton saint héritage.

Mais hélas ! sur la mer où je vogue ici-bas,
Le monde et le péché, l'enfer et le trépas,
Contre moi conjurés, de me perdre ont envie.

Mon Sauveur ! je ne puis sans toi gagner le port ;
Sois pour moi le chemin, la vérité, la vie,
Contre l'égarement, le mensonge et la mort.

5 : Toute cette vie ne nous doit être que comme une hôtellerie à un voyageur, et non comme une maison à celui qui y fait sa demeure. (St. Augustin)   **8** : Le pied de l'âme est son amour. L'âme se meut par l'amour vers son objet, comme vers un lieu où elle tend. (St. Augustin)   **9** : Dans le courant de ce siècle, tu flottes plutôt parmi les orages et les tempêtes, que tu ne marches sur la terre. (St. Bernard)

Consolation du Prisonnier

Portes, grilles, verrous, gardes, captivité,
Ténèbres, solitude, effroi, chagrin, souffrance,
Puisque j'ai dans les fers mon cœur en liberté,
En vain vous vous joignez pour vaincre ma constance.

L'espoir, dans mes ennuis, se tient à mon côté ;
La foi, dans mes combats, me remplit d'assurance ;
Jésus est mon Soleil dans mon obscurité ;
Et les anges des Cieux veillent pour ma défense.

Que la Terre et l'Enfer m'opposent leurs efforts,
Enfin, je sortirai de la prison du corps ;
Douce mort, tu viendras m'en ouvrir le passage.

Tu froisseras mon corps, d'un bras officieux ;
Et telle qu'un oiseau, dont on brise la cage,
Mon âme, en s'échappant, volera dans les Cieux.

7 : Celui qui a fait le soleil et la lune, vous a été dans la prison une plus grande lumière que le soleil et la lune. (St. Cyprien aux confesseurs).
10 : Notre corps peut être nommé une prison, non pas en tant que Dieu l'a fait, mais en tant qu'il est assujetti à la peine du péché. Heureuse l'âme, qui, délivrée de la prison du corps, s'envole toute libre au Ciel! (St. Augustin)   **11** : Que la cage soit brisée, je volerai à mon Seigneur. (St. Augustin)

Prière pour la Communion

CE n'est donc pas assez d'avoir payé pour moi :
Mon Sauveur m'offre encore un sceau de la justice ;
Il veut que sa chair même aujourd'hui me nourrisse,
Et sa grâce m'appelle aux noces de mon Roi.

Que j'en puisse, ô Seigneur ! approcher sans effroi,
Purgé du vieux levain de ma noire malice ;
Et que pour avoir part à ton grand sacrifice,
Je prépare la bouche et les mains de la foi.

Toi-même, donne-moi la robe nuptiale,
L'ornement de tes saints, pour la table royale,
Où servent à l'envi les anges glorieux.

Fais que d'un zèle ardent, et d'une âme ravie,
Avec ton sacré corps, et ton sang précieux,
Je reçoive en mon cœur le germe de la vie.

1 : C'est par sa mort même que Jésus-Christ devient l'Époux. (St. Chrysostôme)   9 : C'est la pureté de l'âme que St. Chrysostôme appelle l'habit intérieur et spirituel, la robe blanche, la robe de pourpre, la robe en broderie d'or.   11 : Qui des fidèles peut douter qu'en ce mystère les Cieux ne soient ouverts, et que les chœurs des anges ne soient présents ? (St. Grégoire) Ils servent à la table royale, et ils fléchissent les genoux. (St. Chrysostôme)

Livre Quatrième — Sonnet XVIII

Action de grâces après la Communion

Qui l'eût dit, que mon Roi m'eût admis à sa table,
M'eût nourri de ses mets les plus délicieux,
Adopté pour son fils, fait héritier des Cieux ;
Moi, son esclave indigne, et pécheur misérable ?

Quel bonheur maintenant est au mien comparable ?
Seigneur, je te bénis d'un sort si glorieux ;
Je tiens de ton amour les effets précieux ;
Et mon cœur te possède, ô Jésus adorable !

Loin de moi, monde impur, avec tous tes appas ;
Loin, tristesse, chagrin, et terreur du trépas :
Je suis du Dieu vivant le vivant domicile.

Mon Seigneur, laisse aller ton serviteur en paix,
Et si je t'ai logé dans ma maison d'argile,
A ton tour loge-moi dans ton brillant palais.

12 : Allusion aux paroles de Siméon, après qu'il eut embrassé le Sauveur du monde. Dans la célébration de ce sacrement, les ministres de l'église primitive criaient aux communiants : Paix à tous ! Et l'on se donnait le baiser de paix.   **13 :** La maison de mon âme est bien petite pour un si grand Hôte. Accrois-la, Seigneur, afin qu'elle soit capable de te recevoir. Il s'y trouve des choses qui pourraient offenser tes yeux ; mais qui peut la rendre nette, que toi seul ? (St Augustin)

LIVRE QUATRIÈME SONNET XIX

Prière du Malade

GRAND Dieu! de qui je tiens la vie et la naissance,
Pressé de mes douleurs, j'invoque ta bonté.
Viens montrer ta vertu dans mon infirmité ;
Et pour me secourir, déployer ta puissance.

Céleste médecin, regarde ma souffrance.
Tu peux en un moment, si c'est ta volonté,
De mon lit de langueur faire un lit de santé,
Et d'un mot seulement me donner délivrance.

Mais, veux-tu me tirer du séjour des malheurs ?
Mais, veux-tu terminer ma vie avec mes pleurs ?
Fais que d'un zèle ardent mon âme à toi s'envole.

Que vivant, et mourant, je bénisse mon sort.
Car enfin, je puis dire, instruit en ton école,
Christ m'est gain dans la vie, il m'est gain dans la mort.

5 : Dieu est le Médecin, et l'affliction est le médicament pour le salut, et non pas la peine de la condamnation. Tu cries, et le Médecin ne te répond pas selon ton désir, mais selon ta nécessité. Tes maux sont grands, mais le Médecin est encore plus grand. Aucune maladie n'est incurable au Médecin tout-puissant. Seulement laisse-toi guérir, et ne repousse pas sa main. Il sait très bien ce qu'il fait. Souffre l'amertume de la médecine, en songeant à la santé qui la suivra. (St. Augustin)

LIVRE QUATRIÈME   SONNET XX

Prière pour les Afflictions et les Douleurs

COUPE, brûle, mon Dieu, cette chair criminelle !
N'épargne point ma vie ; éteins-la, si tu veux ;
Pourvu que ta bonté répondant à mes vœux,
Me sauve des horreurs de la mort éternelle.

La peine, dont ta loi menace l'infidèle,
Me fait glacer le sang, et dresser les cheveux.
Et que sont au prix d'elle et les fers et les feux,
Dont je sens les assauts en ma course mortelle ?

Mais mesure ma force à celle de tes coups.
Verse, pour me guérir, ton baume le plus doux,
Fais que j'éprouve en toi les tendresses d'un Père.

Qu'adorant ta sagesse, et pleurant à tes yeux,
J'envisage ma croix comme un mal nécessaire,
Puisque c'est par la croix que l'on s'élève aux Cieux.

1 : Seigneur, coupe et brûle en cette vie temporelle, pourvu que tu me sois propice en la vie éternelle. Mais lorsque tu me frappes de ta verge, donne-moi la patience nécessaire pour former plutôt des louanges que des plaintes. (St. Augustin)   **11** : Quel père est si fortement Père, que Dieu ? (Tertullien)   **13** : Nul ne peut être couronné, s'il n'a vaincu. Nul ne peut vaincre, s'il n'a combattu. Et nul ne peut combattre, s'il n'a des ennemis et des tentations. (St. Augustin)

Prière du Mourant

JE vais donc comparaître, ô Dieu, devant ta face !
Devant ton tribunal, enfin, tu m'as cité !
Hélas ! ce grand pécheur, ô mon Juge irrité,
Pourra-t-il dans le Ciel obtenir quelque place ?

Monte, pour me juger, sur ton trône de grâce ;
Vois ce que mon Sauveur a pour moi mérité ;
Oppose sa justice à mon iniquité,
Et dans son divin sang tous mes crimes efface.

Intercède pour moi, Rédempteur des humains !
Ma pauvre âme aujourd'hui se sauve entre tes mains,
Elle espère trouver dans ta croix son asile.

L'enfer et mes péchés s'élèvent contre moi.
Mais par toi, mon Sauveur, le salut est facile :
Le pécheur qui t'embrasse est sauvé par la foi.

7 : Mes péchés méritent de grands supplices, mais l'innocence de mon Sauveur exige de bien plus grandes miséricordes. Mon injustice est énorme, mais son mérite la surpasse de beaucoup. Quel péché peut faire l'homme, que le sang du Fils de Dieu, fait homme, ne soit capable d'effacer ? (St. Augustin)   **9** : Jésus-Christ prie pour nous, comme notre Sacrificateur ; il prie en nous, comme notre Chef ; et il est prié par nous comme notre Dieu. (St. Augustin)

Premier Adieu du Mourant A la Terre

Le voici, le beau jour, le jour tant désiré,
Où mon saint Rédempteur veut recevoir mon âme.
Mon cœur s'élève à lui, mon cœur est tout de flamme,
Pour s'élancer au Ciel, où j'ai tant aspiré.

Doux moment, par mes vœux tant de fois attiré,
Tu viens couper enfin de mes malheurs la trame.
Jésus, que par la foi j'embrasse et je réclame,
M'enlève d'une Terre où j'ai tant soupiré.

Adieu, Terre couverte et d'horreurs et de charmes;
Terre pleine d'erreurs, d'iniquités, d'alarmes;
Dont même les douceurs excitent ma pitié.

Si du mortel combat, passant à la victoire,
Je laisse dans ton sein ma fragile moitié,
Dieu seul sera mon tout dans le sein de la gloire.

4 : O belle et brillante maison! mon cœur t'aime, il est ravi de tes beautés. (St. Augustin) **8** : Mon Pasteur me portera lui-même dans la maison de mon Dieu, pour y jouir des délices de ceux qu'il a réconciliés par son sang. (St. Augustin) **11** : Les vaines joies du monde mériteraient d'être pleurées. (St. Augustin) **14** : Dans la sainte Jérusalem ton Dieu te sera toutes choses. (St. Augustin)

Second Adieu du Mourant Aux parents et aux Amis

ADIEU, mes chers parents, mes amis précieux.
Je monte à notre Dieu, je monte à notre Père ;
Mes combats sont finis : je sors de la misère ;
Et j'échange aujourd'hui la Terre pour les Cieux.

Essuyez par la foi les larmes de vos yeux ;
Bannissez de vos cœurs votre douleur amère ;
Et si jamais pour moi votre amour fut sincère,
Contemplez mon bonheur, et soyez-en joyeux.

Ah ! que mon sort est beau ! qu'il est digne d'envie !
Je passe par la mort au séjour de la vie,
Et ne perds en mourant que la mortalité.

Suivez-moi par les vœux de l'espoir et du zèle.
La mort nous désunit pour un temps limité,
Mais Dieu nous rejoindra dans la gloire éternelle,

1 : Ce que tu estimes une mort, n'est qu'un départ, une retraite, un voyage. (Tertullien) Et les saints apôtres qualifient la mort un délogement. **5 :** C'est offenser Jésus-Christ, de pleurer comme misérables ceux qu'il appelle à lui. (Tertullien) **11 :** Heureux pour qui la mort est morte ! (ancienne épitaphe) Tu meurs ; c'est devenir impassible, et secouer le joug de la mort. (Pétrarque) La mortalité, et non la substance de notre corps, est anéantie dans le tombeau. (St. Chrysostôme)

Sur la Mort
Assurance

QUEL est ce monstre horrible, et sans chair et sans yeux,
Qui d'une faux armé, grands et petits menace ;
Et qui d'un pied superbe, également terrasse,
Et le riche et le pauvre, et le jeune et le vieux ?

Chrétien, vois sans horreur cet objet odieux.
Vois, sous son masque affreux, de ton Sauveur la face ;
Vois, dans sa dure main, des nouvelles de grâce ;
Et sous son manteau noir, la lumière des Cieux.

L'inévitable coup de sa faux meurtrière
Termine avec tes jours ta pénible carrière,
Et fait voler ton âme au séjour de la paix.

Ainsi le châtiment, dont l'offense est suivie,
Porte un vieux nom, contraire à ses nouveaux effets ;
La mort n'est maintenant qu'un passage à la vie.

1 : Les païens représentaient aussi la mort comme une fille qui portait une robe noire, semée d'étoiles, et qui avait des ailes noires. **11** : Heureuse l'âme qui, délivrée de son corps, s'envole ainsi toute libre dans le Ciel ! Qui ne désirera cette paix d'où l'ami ne sort point, où l'ennemi n'entre point, et où nous aurons Dieu même pour notre possession et pour notre paix. (St. Augustin) **14** : Que ce passage de la vie à la vie est aimable ! (Epitaphe de Mélisse)

Sur la Mort Attente

SI tu vois le soleil briller sur l'hémisphère,
Pense en toi-même, hélas! le verrai-je demain?
Oui, sais-tu quand la mort, se glissant dans ton sein,
Eteindra de tes yeux le vivant luminaire?

Ta vie n'est-elle pas une ombre passagère,
Un flambeau qui s'écoule, et qui tire à sa fin?
Ne voit-on pas périr le malade et le sain,
Le prince en sa grandeur, le pauvre en sa misère?

Mille accidents divers, dans la lice où tu cours,
Peuvent trancher le fil du plus beau de tes jours;
C'est-là le triste sort où le péché t'engage.

Enfin la dure mort, par les ordres de Dieu,
Menace également et tout sexe, et tout âge.
Mortel, attends-la donc, à toute heure, en tout lieu.

---

1 : Tu n'es que le locataire de la maison de ton corps, et Dieu ne te l'a pas louée pour un terme préfixé ; mais il t'a dit : Sois toujours prêt à déloger. (St. Augustin)   **6 :** L'humeur radicale en est la cire, et la chaleur naturelle en est la lumière.   **12 :** Les païens, la considérant comme une déesse implacable, ne lui avaient consacré que deux autels, l'un à Cadix, l'autre à Lacédémone.   **14 :** Supporte doucement la vie, et attends la mort constamment. (Plutarque)

Sur la Mort
Remède

EN tout temps, en tout lieu, sur la terre et sur l'eau,
Ressouviens-toi, mortel, que tu dois te résoudre
A voir au premier vent éteindre ton flambeau,
Et que ton vase d'or doit enfin se dissoudre.

Jeune et vieux, riche et pauvre, est soumis au tombeau ;
Les lauriers les plus verts sont sujets à la foudre.
Ton corps, ce riche habit, ce chef-d'œuvre si beau,
Doit tomber dans la fosse, et retourner en poudre.

Chrétien, si ce tableau t'imprime de l'horreur,
C'est ici le moyen d'en bannir la terreur,
Et de braver la mort et toute sa puissance.

Embrasse par la foi l'heureuse éternité ;
Et mets en ton Sauveur ton unique espérance ;
Mourant, tu revivras dans l'immortalité.

4 : Mot du sage dans l'Écclésiaste. Ce vase d'or est le crâne, ou le cœur.
6 : Malgré la supposition païenne et superstitieuse des poètes. **8** : Il devient un cadavre, et il perd même enfin ce nom-là. (Tertullien) Quand il serait embaumé, et dans un cercueil de pur or, comme le corps de Constantin. **11** : Veux-tu vivre longtemps ? Cherche la vie où l'on ne meurt point. (Pétrarque) **14** : C'est donc ici la devise du Phénix : De la mort l'immortalité.

Sur la Mort d'une Fille Unique
Apostrophe

AINSI, de tes beaux ans je vois finir le cours,
Doux objet de mes vœux ! Ainsi la mort cruelle,
Couvrant d'un noir bandeau ta brillante prunelle,
Change en autant de nuits le reste de mes jours.

Quoi ! t'en vas-tu sitôt ? t'en vas-tu pour toujours ?
Trois ans ont-ils borné ta carrière mortelle ?
Et t'enfuis-tu de nous, toi si jeune et si belle ?
Reviens, mon cher enfant, mon trésor, mes amours !

Mais pourquoi rappeler, par un transport extrême,
Ta sainte âme, qui vole à la gloire suprême ?
Mon cœur, ayons plutôt ce sentiment pieux :

C'est par l'ordre d'en-haut que la mort t'a ravie ;
Et Dieu veut, en m'ôtant la moitié de ma vie,
Que l'autre ne respire ici-bas que les Cieux.

4 : L'affliction est une nuit. (St. Augustin) C'était la pensée de l'Eglise de Babylone. **5** : Ce qui peut arriver en tout temps, n'arrive pas avant le temps. (Pétrarque) Vous n'avez pas eu le temps de jouir de votre fille : vous le ferez pleinement dans le Ciel ; et dès à présent vous le pouvez voir par les yeux de l'Espérance. (St. Chrysostôme) **12** : Vous n'avez fait que rendre le dépôt. N'en soyez plus en peine : Dieu ne vous l'a repris que pour le mettre dans son dépôt éternel. (St. Chrysostôme)

Sur la Mort d'une Fille Unique
Prosopopée

CHERS parents, dont les pleurs trempent mon monument,
N'arrêtez point vos yeux sur cette tombe noire ;
Mais contemplez mon âme au séjour de la gloire,
Et par ce doux aspect cessez votre tourment.

De près je vois mon Dieu, je le vois clairement.
J'habite un palais d'or, de cristal et d'ivoire ;
La palme, dans ma main, annonce ma victoire ;
La lumière est ma robe, et Jésus mon amant.

La mort m'enlève-t-elle au printemps de mon âge ?
J'en suis plus promptement à couvert de l'orage,
Et je fleuris plus jeune au paradis de Dieu.

Ne souhaitez donc pas, vous qui m'avez aimée,
De voir par vos soupirs ma cendre ranimée.
Songez plutôt, songez, à me suivre en ce lieu.

5 : Si l'on voulait tirer votre fils d'auprès de vous pour le faire roi d'un grand royaume, refuseriez-vous de le laisser aller, pour ne pas perdre le vain plaisir de le voir ? Et maintenant qu'il est passé dans un Royaume infiniment plus grand et plus heureux que tous ceux de la Terre ensemble, vous ne pouvez souffrir d'être séparé de lui ! Mais songez que vous l'irez trouver bientôt. (St. Chrysostôme) **11** : Les saints fleurissent devant Dieu comme des lys. (St. Augustin)

◇ LIVRE QUATRIÈME   SONNET XXIX

Sur la Mort d'une Fille Unique
Prière

Abattu, languissant, et noyé dans les pleurs,
D'un amer souvenir j'afflige ma pensée;
Et l'humeur, que mes yeux dans ma plume ont versée,
Me sert d'encre aujourd'hui, pour peindre mes malheurs.

La mort vient de faucher la plus belle des fleurs;
Et la fleur de ma vie avec elle est passée.
Un seul trait sa tendre âme et la mienne a percée,
Et mes jours ne sont plus qu'ennuis et que douleur.

Prends pitié de mes maux, mon Sauveur et mon Père;
Abrège ma langueur, adouci ma misère;
Envoie à mon secours un saint ange des Cieux.

Donne-moi sur moi-même une heureuse victoire.
Soutiens-moi par ta grâce, et fais que de mes yeux
Les larmes pour jamais tarissent dans la gloire.

1: Les affligés cueillent des fruits doux, de l'amertume des larmes. (St Augustin)   **3**: Ces paroles devraient être écrites avec nos larmes. (St Augustin)   **5**: Excès poétique de passion préoccupée de son objet, comme dans ce vers fameux : Et me dit qu'Uranie est seule aimable et belle. **14**: C'est ici la vallée de larmes. Dieu essuie les larmes en cette vie ; mais il les séchera entièrement dans l'autre. (St. Augustin)

Sur le Tombeau du Fidèle
Épitaphe

LA mort n'a renfermé sous cette tombe noire,
Que d'un fidèle heureux le simple vêtement.
L'espérance et la foi l'ont porté dans la gloire,
Quand sa robe en dépôt fut mise au monument.

Passant, lis son bonheur, et bénis sa mémoire.
En sortant de la vie il sortit du tourment ;
Il obtint dans sa mort l'immortelle victoire,
Et le siècle sans fin dans son dernier moment.

L'esprit vola joyeux à la voûte éternelle ;
Et laissant au tombeau sa dépouille charnelle,
Fut prendre avec les saints un habit glorieux.

Ne pleure point le corps qui se change en poussière ;
Car enfin le Sauveur, lorsqu'il viendra des Cieux,
Changera cette poudre en un corps de lumière.

6 : En quelque lieu que soit notre chair, elle est en dépôt en la main de Dieu, en Jésus-Christ, le fidèle Dépositaire, qui rendra Dieu à l'homme, l'homme à Dieu, l'Esprit à la chair, la chair à l'Esprit, l'Époux à l'épouse, l'épouse à l'Époux. (Tertullien) **10** : Ayant mis bas l'équipage de la chair, l'âme a revolé plus légère à son tuteur. (St. Jérôme) Il a laissé ici la dépouille de la chair, s'envolant vers les astres. (Épitaphe de 5t. Hilaire d'Arles) Que ce vol au Ciel est beau ! (St. Ambroise)

◇ Livre Quatrième   Sonnet XXXI

Sur les Saints Martyrs
Trophée

J'EXALTE vos combats, d'immortelle mémoire,
Héros du grand Jésus, martyrs victorieux,
Invincibles soldats, athlètes glorieux,
Qui vivez tous ensemble au Ciel et dans l'Histoire.

Défaits et terrassés, vous eûtes la victoire ;
Votre mort triompha des tyrans furieux.
Par des degrés sanglants vous montâtes aux Cieux,
Et sur un char de flamme au trône de la gloire.

Ainsi, que faites-vous, ô bourreaux inhumains ?
Rien certes qu'avancer leur bonheur par vos mains,
Et rehausser les noms de ces témoins augustes.

Vous percez le Seigneur, en leur perçant le flanc ;
Mais de ce même bras qui verse tout leur sang,
Vous répandrez partout la semence des justes.

6 : Le soldat de Jésus-Christ triomphe dans la mort. (Minutius Félix)
10 : La plus cruelle boucherie n'a pas abattu la fermeté de la foi, elle n'a fait qu'envoyer plus promptement au Seigneur les hommes de Dieu. (St. Cyprien)   **11** : Persécuter les saints, c'est les rendre plus illustres. (St. Chrysostôme)   **14** : Le nombre des chrétiens multiplie quand on les moissonne. Leur sang est une semence qui ne meurt pas sur la Terre, mais repousse heureusement. (Tertullien)

Sur les Saints Martyrs
Béatitude

ORNONS des saints martyrs les illustres tombeaux ;
Répandons-y des fleurs, leur sort nous y convie.
Ces soldats généreux méprisèrent leur vie,
Bravèrent les tyrans, lassèrent les bourreaux.

Ils passèrent, sans peur, par les feux, par les eaux ;
D'un repos éternel leur course fut suivie ;
Et la Terre pleurant leur présence ravie,
Le Ciel riant s'ouvrit à ces hôtes nouveaux.

Vivez, vivez heureux dans la gloire immortelle,
Athlètes du Seigneur, qui d'un cœur plein de zèle,
Sur un sanglant autel consacrâtes vos corps.

Vous, Chrétiens, bénissez du grand Dieu la puissance,
Qui fit, malgré l'enfer, et malgré ses efforts,
Du jour de leur trépas, le jour de leur naissance.

2 : St. Cyprien dit que l'Eglise a des couronnes blanches de lys pour couronner les confesseurs ; des couronnes pourprées de roses, pour couronner les martyrs.   9 : Leurs yeux se ferment, et le Ciel s'ouvre. On leur donne la mort, et l'immortalité vient. On leur ôte le monde, et ils reçoivent le paradis. (St. Cyprien)   14 : L'Eglise primitive, comme on le voit dans Tertullien et ailleurs, nommait le jour de la mort des martyrs, le jour de leur nativité.

◇ LIVRE QUATRIÈME   SONNET XXXIII

Sur la Résurrection
Merveille

LORSQUE la main de Dieu, sans art, sans instruments,
Façonna le grand corps de la machine ronde,
A chacun des endroits de tout ce vaste monde
Il donna des vertus, des lois, des ornements.

Ainsi, pour obéir à ses saints règlements,
De plantes et de fruits la terre fut féconde ;
Et l'on vit les poissons naître du sein de l'onde.
Tel fut l'ordre établi pour ces deux éléments.

Mais contemple, mortel, une merveille étrange !
Voici l'ordre de Dieu, qui tout à coup se change,
Pour rétablir ton corps, l'ouvrage de ses mains.

A la voix de Jésus, qui tonne dans les nues,
Et la terre et la mer, nos mères devenues,
De leurs flancs entr'ouverts font sortir les humains !

11 : Il est plus difficile que ce qui n'a point été commence à être, que de refaire ce qui a été. (Minutius Félix) Si donc Dieu nous a faits lorsque nous n'étions pas, lui sera-t-il difficile de nous refaire, après que nous aurons été ? (St. Augustin)   **14** : C'est ce que nous peint Esaïe, dans le tableau de ce grand jour : Réjouissez-vous, habitants de la poussière ; car la Terre jettera hors ses morts. Et St. Jean dans l'Apocalypse : La mer rendit ses morts.

Sur la Résurrection
Puissance de Dieu

ÉLÈVE, homme mortel, ta noble intelligence,
Et contemple en esprit le beau commencement,
Où, sans rien employer que la voix seulement,
A ce vaste univers Dieu donna l'existence.

Du premier corps humain regarde la naissance :
Vois comme, pour former ce riche bâtiment,
La main de l'Éternel, si magnifiquement,
Avec un peu de poudre exerça sa puissance.

Envisage après tout ce Créateur puissant,
Qui d'Adam solitaire achevant l'heur naissant,
Fit d'une simple côte une beauté suprême.

Douteras-tu, chrétien, que sa même vertu
Ne puisse au dernier jour, avec ta cendre même,
Relever de ton corps l'édifice abattu ?

11 : Si l'ouvrage du Créateur est si beau et si aimable, qu'est-ce que ne doit pas être le Créateur lui-même ? Apprenons donc, par les créatures mêmes que nous aimons, à le désirer avec plus d'ardeur ; et méprisons-les pour t'aimer. (St. Augustin)   **12** : C'est une plus grande opération de donner le commencement à une chose, que de la rétablir dans l'état qu'elle a été. Ainsi tu dois croire que c'est une œuvre plus facile de rendre la vie à la chair, que de l'avoir créée. (Tertullien)

Sur la Résurrection
Espérance du mourant

Ainsi, vase de terre, ainsi, corps languissant,
Portative maison, tabernacle fragile,
Et d'un tout précieux moitié faible et débile,
Tu t'en vas fondre enfin ! tu t'en vas périssant !

Mais en toi je m'assure, ô Sauveur tout puissant !
Ta parole et ton bras, à qui tout est facile,
M'enlevant du tombeau, feront de cette argile,
Au matin du grand jour, un corps resplendissant.

Oui, que bientôt mes yeux soient privés de lumière,
Que mes mains et mes pieds, dans l'affreuse poussière,
Servent et de victime et de pâture aux vers.

Ces yeux doivent un jour contempler ton visage ;
Ces mains t'applaudiront, Juge de l'univers ;
Et ces pieds te suivront au céleste héritage.

5 : Chair, qui êtes l'ouvrage des mains du Créateur, la reine des créatures, l'héritière des biens de Dieu, et la sœur de son propre Fils, soyez en assurance ! vous avez un droit acquis dans le Ciel, et dans le Royaume de Dieu. (Tertullien)   **8** : Il brillera comme le soleil, dit l'Ecriture. Et St. Augustin dit qu'alors Dieu changera notre Terre en or, et que de la chair il fera un ange.   **14** : Voici notre Dieu, nous l'avons attendu ; aussi nous sauvera-t-il. (Esaïe 25)

Sur la Résurrection
Prosopopée de l'âme

LÈVE-TOI, mon cher corps, mon ami précieux,
Mon hôte naturel, mon compagnon fidèle.
La trompette résonne, et l'archange t'appelle :
Tu dois prendre à ce coup ta place dans les Cieux.

Mais quels rayons déjà paraissent dans tes yeux ?
Tu laisses au tombeau ta nature mortelle ;
Je te vois revêtu d'une beauté nouvelle ;
Je te sens immortel, agile et glorieux.

La mort est maintenant engloutie en victoire ;
Et tu vas aujourd'hui recevoir, dans la gloire,
L'incomparable prix de ta fidélité.

L'impitoyable main, qui ferma ta paupière,
Rompit pour quelque temps notre union première ;
Mais Dieu nous a rejoints pour une éternité.

1 : Après l'amour que tu dois à Jésus-Christ, il n'est point de créature, ô âme ! que tu doives tant aimer que ton corps, puisqu'il renaît en Dieu avec toi. (Tertullien)   4 : Si l'âme est l'épouse, elle sera suivie de la chair, comme de son équipage, comme de sa dot, de son ornement, de sa servante et de sa sœur de lait. (Tertullien)   11 : En tant que la chair prête son service à l'âme, elle est appelée avec elle à la possession de tous ses biens, et temporels et éternels. (Tertullien)

Sur le Jugement Dernier
Exhortation

JOUR, le dernier des jours, moment épouvantable !
Où l'Éternel, qui sonde et les cœurs et les reins,
Sur un trône entouré d'escadrons d'anges saints,
Paraîtra dans les airs pompeux et redoutable !

Oh ! qui ne tremblera, quand ce Juge adorable,
Les éclairs dans les yeux, la foudre dans les mains,
La trompette sonnant, citera les humains
A rendre à sa justice un compte inévitable ?

Considérez, mortels, ce tribunal de Dieu !
Redoutez-le en tout sexe, en tout âge, en tout lieu ;
Et prenez cette voix pour compagne éternelle !

O vous tous ! qui dormez dans le noir monument,
Le grand Juge apparaît, son ordre vous appelle :
Sortez de vos tombeaux, venez au jugement.

1 : Quel sera cet événement du Seigneur, alors superbe et triomphant ! Quel sera ce jour dernier et perpétuel, qui, par un seul embrasement, engloutira la grande vieillesse, les innombrables naissances du siècle ! Quelle sera alors l'exaltation des anges, la gloire des saints, la pompe de la Nouvelle Jérusalem ! (Tertullien)   **11** : Soit que je mange, ou que je boive, ou que je fasse quelque autre chose, cette voix terrible résonne toujours à mes oreilles : O Morts ! levez-vous, et venez au jugement. (St. Jérôme)

Sur le Jugement Dernier
Invocation

ADORABLE Sauveur, que la gloire environne,
Quand mon œil aperçoit, dans le vague des airs,
Ton tribunal dressé pour juger l'univers,
A ce terrible aspect, je pâlis, je frissonne.

Je vois tous les humains comparaître en personne,
Les faits mis en avant, les grands livres ouverts,
Des cœurs examinés les secrets découverts ;
Tout y passe à son tour, et houlette et couronne.

Misérable pécheur, n'espère pas alors,
Que ni vœux, ni soupirs, ni raisons, ni trésors,
Puissent fléchir le Juge et couvrir ta malice.

Ma nudité, Seigneur, cause mon tremblement ;
Revêts-moi du manteau de ta sainte justice,
Pour paraître sans crainte en ce grand jugement.

4 : Lorsque je me trace l'image de ce jugement à venir, je suis pénétré de crainte, et la douleur dont je suis percé me fait fondre en larmes. (Chrysostôme)   **5** : C'est ici le temps de la miséricorde, ce fera alors le temps du jugement ; mais on se repentira en vain. La confession même des péchés ne servira qu'à aggraver la condamnation. Repentons-nous donc à présent, que nous pouvons recueillir du fruit de notre repentance. (St. Augustin)

Sur le Jugement Dernier
Confiance

TREMBLEZ, méchants, tremblez à l'aspect du grand Roi,
Qui vient faire justice, et condamner le monde.
En vain chercheriez-vous dans la machine ronde,
Un lieu pour vous sauver en ce mortel effroi.

Pour moi, j'ai mon refuge au Rocher de ma foi.
Mon Juge est le Sauveur où mon espoir se fonde.
Couvert de sa justice, et plongé dans son onde,
Suis-je pas à l'abri des foudres de la Loi ?

Ton trône, divin Juge ! est l'appui de mon âme.
J'aperçois ton amour dans l'ardeur de ta flamme.
Ton arc est de ma paix le signe glorieux.

Ta trompette est enfin le héraut de ma grâce ;
J'ai place à ta main droite ; et ma foi, par mes yeux,
Lit déjà mon bonheur dans les traits de ta face.

1 : Les méchants seront épouvantés, lorsqu'ils verront en ce jour-là ce qu'ils ne croient pas maintenant, mais les justes se réjouiront de voir ce qu'ils croient. (St. Augustin)   **7** : Dans la Mer Rouge de son sang, dit St. Augustin, et dans le baptême de son Esprit.   **10** : Ce feu brûlera pour les méchants, mais il ne fera que luire pour les justes. (St Augustin) En cela semblable au feu de la fournaise de Babylone.   **11** : Allusion à l'arc-en-ciel de la nature, et à celui de l'Apocalypse.

Sur l'Enfer

Juste Dieu, que l'Enfer est un gouffre effroyable !
Ses ténèbres, ses feux, son soufre, ses tourments,
Ses gênes, ses bourreaux, ses cris, ses hurlements,
N'ont rien dans l'univers qui leur soit comparable.

Là, ronge incessamment le ver insatiable ;
Là, l'on sent du remords les époinçonnements ;
Là, sans pouvoir mourir, l'on meurt à tous moments ;
Là, l'éternité rend la peine épouvantable.

Objet rempli d'horreur, tu viens mal à propos
Intimider mon âme, et troubler mon repos ;
Loin d'ici, noire image à mon bonheur contraire.

Non, reviens ; c'est ma chair qui m'aveugle en ce point.
Mais voici de l'Esprit le conseil salutaire :
Crains sans cesse l'Enfer, pour n'y descendre point.

1 : C'est un abîme sans fond, une mer de feu, qui roule ses flots brûlants d'une manière d'autant plus effroyable, qu'elle est incompréhensible. (St. Chrysostôme)   **14** : Que ceux qui n'ont point de passion de voir la face de Dieu, craignent au moins le feu de sa colère. Que les supplices épouvantent ceux que les récompenses ne peuvent attirer. Ce que Dieu te promet, te semble-t-il peu de chose ? Tremble de la menace du feu éternel : c'est par cette menace que Dieu veut te détourner, du mal, et te porter au bien. (St. Augustin)

Sur la Gloire du Paradis

RICHES voûtes d'azur, flambeaux du firmament ;
Couronnes, dignités, grandeurs, pompe royale,
Festins, concerts, parfums que l'Arabie exhale,
Jardins, fleuves, palais bâtis superbement ;

Soleil, du haut lambris le plus noble ornement ;
Perles, rubis, joyaux de l'Inde Orientale ;
Trésors, que l'Occident aujourd'hui nous étale ;
Éclatantes beautés de ce bas élément ;

Objets les plus charmants de toute la nature,
Venez ici m'aider à former la peinture
Du ravissant bonheur que Dieu prépare aux siens.

Mais non, ne venez pas : cette gloire suprême,
Où dans l'éternité l'on possède Dieu même,
Surpasse infiniment la nature et ses biens.

13 : Dieu donne quelquefois ses biens temporels aux méchants, et ne les donne pas aux bons ; mais il se réserve lui-même aux bons, il sera lui-même la récompense des fidèles. Dans la gloire nous serons unis à Dieu, après lequel nous avons toujours soupiré en cette vie. Alors Dieu sera notre lien et notre lumière, notre nourriture, notre vie, notre repos, toutes choses. (St. Augustin)   **14** : Il est plus aisé de dire ce que la vie éternelle n'est pas, qui d'exprimer ce qu'elle est. (St. Augustin)

Table des matières

Portrait 3

Notice sur Laurent Drelincourt 1

Préface de l'auteur 3

Livre Premier : sur la Nature et sur son Auteur 7
    I. Sur la Vanité du Monde et sur le Souverain Bien 9
    II. Sur la Divinité 10
    III. Sur le Fils Éternel de Dieu 11
    IV. Sur le Saint Esprit 12
    V. Sur la Création du Monde 13
    VI. Sur la Création du Monde (bis) 14
    VII. Sur la Découverte du Nouveau Monde 15
    VIII. Sur les Anges 16
    IX. Sur l'Esprit Malin 17

X. Sur l'Homme, Image de Dieu 18

XI. Sur l'Homme (bis) 19

XII. Sur la Jeunesse 20

XIII. Sur la Vieillesse 21

XIV. Sur les Animaux 22

XV. Sur les Arbres et les Plantes 23

XVI. Sur les Cieux 24

XVII. Sur le Soleil 25

XVIII. Sur la Lune 26

XIX. Sur les Éléments 27

XX. Sur le Feu 28

XXI. Sur l'Air 29

XXII. Sur le Tonnerre et la Foudre 30

XXIII. Sur l'Arc-en-ciel 31

XXIV. Sur les Vents 32

XXV. Sur la Mer 33

XXVI. Sur les Fontaines et les Rivières 34

XXVII. Sur la Navigation 35

XXVIII. Sur la Terre 36

XXIX. Sur l'Or 37

XXX. Sur les Pierres Précieuses 38

XXXI. Sur la Pierre d'Aimant 39

XXXII. Sur le Renouvellement de l'Année 40

XXXIII. Sur le Printemps 41

XXXIV. Sur l'Été 42

XXXV. Sur l'Automne 43

XXXVI. Sur l'Hiver 44

XXXVII. Sur la Providence 45

XXXVIII. Sur la Providence (bis) 46

XXXIX. Sur la Providence (ter) 47

Livre Second : Sur Diverses Histoires de l'Ancien Testament   **49**

I. Sur l'état d'Adam et d'Ève dans le Paradis Terrestre   51

II. Sur le Péché d'Adam 52

III. Sur le Meurtre d'Abel 53

IV. Sur le Déluge 54

V. Sur l'Arche de Noé 55

VI. Sur la Tour de Babel et la Division des Langues . 56

VII. Sur l'Embrasement de Sodome 57

VIII. Sur le Sacrifice d'Abraham 58

IX. Sur les Larmes d'Esaü 59

X. Sur la Lutte de Jacob 60

XI. Sur Joseph 61

XII. Sur la Servitude d'Egypte 62

XIII. Sur Job 63

XIV. Sur Moïse 64

XV. Sur la Sortie d'Égypte 65

XVI. Sur le Passage de la Mer Rouge 66

XVII. Sur les Miracles du Désert 67

XVIII. Sur la Loi 68

XIX. Sur l'Arche de l'Alliance 69

XX. Sur les Sacrifices 70

XXI. Sur Josué 71

XXII. Sur Gédéon 72

XXIII. Sur la Fille de Jephté 73

XXIV. Sur Samson 74

XXV. Sur Samuel 75

XXVI. Sur David 76

XXVII. Sur Absalom 77

XXVIII. Sur le Temple de Salomon 78

XXIX. Sur la Reine de Séba 79

XXX. Sur Élie 80

XXXI. Sur Jonas 81

XXXII. Sur la Maladie d'Ézéchias 82

XXXIII. Sur la Prison de Manassé 83

XXXIV. Sur la Mort de Josias 84

XXXV. Sur la Captivité de Babylone 85

XXXVI. Sur Daniel 86

XXXVII. Sur les trois Princes Hébreux dans la Fournaise 87

XXXVIII. Sur le Retour de la Captivité de Babylone . 88

XXXIX. Sur la Reine Esther 89

Livre Troisième : Sur Diverses Histoires Du Nouveau Testament **91**

I. Sur l'Évangile 93

II. Sur la Sainte Vierge 94

III. Sur la Naissance de Notre Seigneur 95

IV. Sur la Naissance de Notre Seigneur (bis) 96

V. Sur le Portrait de Notre Seigneur 97

VI. Sur l'Apparition de l'Ange aux bergers 98

VII. Sur l'Adoration des Mages 99

VIII. Sur Saint Siméon 100

IX. Sur le Massacre des Enfants de Bethléhem 101

X. Sur la Circoncision et le Baptême de Notre Seigneur 102

XI. Sur Saint Jean-Baptiste Décapité 103

XII. Sur la Tentation de Notre Seigneur au Désert . . 104

XIII. Sur les Sermons de Notre Seigneur 105

XIV. Sur l'Enfant Prodigue 106

XV. Sur le Mauvais Riche et Lazarre 107

XVI. Sur le Pharisien et le Publicain 108

XVII. Sur la Parabole des Vierges 109

XVIII. Sur les Miracles de Notre Seigneur 110

XIX. Sur la Transfiguration de Notre Seigneur 111

XX. Sur la Pénitence de la Pécheresse 112

XXI. Sur l'Entrée Royale de Notre Seigneur dans Jérusalem 113

XXII. Sur l'Agonie de Notre Seigneur au Jardin des Oliviers 114

XXIII. Sur la Trahison de Judas 115

XXIV. Sur la Chute et la Repentance de Saint Pierre . 116

XXV. Sur la Croix 117

XXVI. Sur la Croix (bis) 118

XXVII. Sur la Conversion du Bon Larron 119

XXVIII. Sur les Miracles arrivés à la Mort de Notre Seigneur 120

XXIX. Sur la Sépulture de Notre Seigneur 121

XXX. Sur le Voyage de Marie-Magdeleine au Sépulcre de Notre Seigneur 122

XXXI. Sur la Résurrection de Notre Seigneur 123

XXXII. Sur la Résurrection de Notre Seigneur (bis) . 124

XXXIII. Sur l'Ascension de Notre Seigneur 125

XXXIV. Sur l'Ascension de Notre Seigneur (bis) . . . 126

XXXV. Sur la Pentecôte Chrétienne 127

XXXVI. Sur la Pentecôte Chrétienne (bis) 128

XXXVII. Sur le Martyre d'Etienne 129

XXXVIII. Sur la Conversion de Saint Paul 130

XXXIX. Sur la Prison et la Délivrance de Saint Pierre 131

XL. Sur la Mort d'Hérode Agrippa 132

XLI. Sur le Voyage de Saint Paul à Rome 133

Livre Quatrième : Sur Diverses Grâces et Divers États 135

I. Sur l'Église 137

II. Sur la Parole de Dieu 138

III. Sur les Sacrements 139

IV. Sur la Vérité 140

V. Sur l'Erreur 141

VI. Sur la Vertu 142

VII. Sur les trois principales Vertus Chrétiennes . . . 143

VIII. Sur le Vice 144

IX. Sur la Guerre 145

X. Sur la Paix 146

XI. Sur la Paix de Dieu 147

XII. Sur la Prière 148

XIII. Prière pour le Matin 149

XIV. Prière pour le Soir 150

XV. Prière du Voyageur 151

XVI. Consolation du Prisonnier 152

XVII. Prière pour la Communion 153

XVIII. Action de grâces après la Communion 154

XIX. Prière du Malade 155

XX. Prière pour les Afflictions et les Douleurs 156

XXI. Prière du Mourant 157

XXII. Premier Adieu du Mourant 158

XXIII. Second Adieu du Mourant 159

XXIV. Sur la Mort 160

XXV. Sur la Mort (bis) 161

XXVI. Sur la Mort (ter) 162

XXVII. Sur la Mort d'une Fille Unique 163

XXVIII. Sur la Mort d'une Fille Unique (bis) 164

XXIX. Sur la Mort d'une Fille Unique (ter) 165

XXX. Sur le Tombeau du Fidèle 166

XXXI. Sur les Saints Martyrs 167

XXXII. Sur les Saints Martyrs (bis) 168

XXXIII. Sur la Résurrection 169

XXXIV. Sur la Résurrection (bis) 170

XXXV. Sur la Résurrection (ter) 171

XXXVI. Sur la Résurrection (quater) 172

XXXVII. Sur le Jugement Dernier 173

XXXVIII. Sur le Jugement Dernier (bis) 174

XXXIX. Sur le Jugement Dernier (ter) 175

XL. Sur l'Enfer 176

XLI. Sur la Gloire du Paradis 177